蒙台梭利早教经典分段育

# 蒙台梭利
# 养育1岁孩子

〔意〕玛丽亚·蒙台梭利◎著　刘 妍◎编译

中国妇女出版社

**图书在版编目（CIP）数据**

蒙台梭利养育1岁孩子 /（意）蒙台梭利著；刘妍编译. -- 北京：中国妇女出版社，2016.2

ISBN 978-7-5127-1225-6

Ⅰ. ①蒙… Ⅱ. ①蒙… ②刘… Ⅲ. ①儿童教育—早期教育 Ⅳ. ①G61

中国版本图书馆CIP数据核字（2015）第301012号

**蒙台梭利养育1岁孩子**

---

**作　　者：**〔意〕玛丽亚·蒙台梭利 著
**译　　者：**刘　妍 编译
**责任编辑：**宋　文
**封面设计：**尚世视觉
**责任印制：**王卫东
**出版发行：**中国妇女出版社
**地　　址：**北京东城区史家胡同甲24号　　邮政编码：100010
**电　　话：**（010）65133160（发行部）　　65133161（邮购）
**网　　址：**www.womenbooks.com.cn
**经　　销：**各地新华书店
**印　　刷：**北京通州皇家印刷厂
**开　　本：**165×235　1/16
**印　　张：**12.5
**字　　数：**200千字
**版　　次：**2016年2月第1版
**印　　次：**2016年5月第2次
**书　　号：**ISBN 978-7-5127-1225-6
**定　　价：**26.00元

---

# 编者的话

玛丽亚·蒙台梭利博士是意大利第一位女医学博士，是20世纪享誉全世界的杰出幼儿教育家。1870年8月，玛丽亚·蒙台梭利在意大利安科纳地区的基亚拉瓦莱小镇出生。父亲是军人，母亲贤淑文静，博学多才。

蒙台梭利从小受到非常好的教育，虽然是独生女，但父母对她从不溺爱。幼年起她便自律自爱，独立，同情弱者。13岁时，蒙台梭利选择米开朗琪罗工科学校学习数学，这在当时的女孩子中是很少见的。而她从这所学校毕业时，是成绩最优秀的学生。后来她学习了现代语言与自然科学，此后对生物学产生兴趣，于1890年进入罗马大学学习生物学。在学习生物学期间，她又对医学产生了浓厚的兴趣，决定学医。由于当时保守的欧洲社会是没有女子学医的，她的决定不仅遭到父亲的反对，而且不被当时的教育体制所允许。但蒙台梭利凭着坚强的意志和不断的努力做到了，获准进入医学院。1896年，26岁的蒙台梭利获得罗马大学医学博士学位，成为意大利第一位女医学博士。也许由于她自己的选择从来都遵从于兴趣，才有她后来的“教育要根据孩子兴趣捕捉孩子的‘敏感期’”的理论。

毕业后的蒙台梭利成为罗马大学附属医院的一名精神科临床医生。由于当时残疾和智障儿童的治疗是在精神病院进行的，蒙台梭利的工作就是治疗这些儿童。蒙台梭利对这些孩子发自内心地同情，认为他们不该被关在这里，他们所受到的粗暴对待是导致他们智力下降的重要原因。她对智障儿童教育产生了浓厚的兴趣，决心去帮助他们。在长期的研究与实践中，蒙台梭利总结出：儿童的智力缺陷主要是教育问题，而不是医学问题。这一认识使她能够从一位成功的医生最终转变成一代伟大的教育家。因为她发现，智障儿童虽然比同龄孩子差，但与更小的孩子在智力和行为能力上有许多共同点，自己为特殊弱势儿童设计的教育方法一定也适用于正常儿童。

1907年，蒙台梭利在罗马圣罗伦斯区建立了第一个“儿童之家”，她特意选址在罗马最贫困的地区，招收3～6岁普通儿童，用自己独创的方法加以教育。结果是惊人的：那些贫寒家庭的儿童，经过她几年的教育，全部成为聪明活泼、举止优雅、自信自强的孩子，心智较之前有了巨大改变。她这套教学方法立刻轰动了意大利甚至欧洲其他国家。到20世纪40年代时，蒙台梭利学校已遍布世界各地，仅美国就有2000多所。

1952年5月6日，82岁的蒙台梭利在荷兰去世。她的传记被列入12位“帮助世界的人们”传记丛书。她曾3次获得诺贝尔和平奖提名。英国教育家称赞她为“20世纪赢得世界公认的推进科学和人类进步的最伟大科学家之一”。美国教育家称赞：“当前讨论学前教育问题，如果没有论及蒙台梭利教育体系，便不能算完全。”德国教育家这样评论她：“在教育史上，能像蒙台梭利教育法如此举世瞩目的并不多见。”虽然经过了近百年，但她的名字和她革命性的教育观却延续下来，并被越来越多的人所接受。

**蒙台梭利提出儿童发育“敏感期”的观念，**认为无论是行走、语言、绘画，或是音乐、数学，每个孩子都有一个敏感期，孩子在这一时期具有强烈的学习愿望，并且能轻松学会任何他们渴望学习的事情。捕捉到孩子的敏感期，对他们加以引导，就能取得事半功倍的效果。孩子没有到达敏感期，任何逼迫的学习都是徒劳的，而延误了时机，则会对儿童的发展造成障碍。

**从出生到3岁，儿童会积极、专注且自发地吸收外界的一切印象。**这期间的吸收，完全在一种无意识的状态下。也就是说，他们并不知道自己正在学习，他们吸收了周遭种种的习惯、风俗、生活习态等，并在他们的心中根深蒂固。这种特殊的精神状态，蒙台梭利称为“有吸收力的心灵”。

**在3～6岁之间，儿童已发展出有意识的心智，可经由双手从外界环境中汲取经验。**这时，儿童的感觉器官会变得十分敏感，透过感官所感觉到的事物，逐渐完成儿童的精神发展。因此，成人应该跟随孩子的兴趣去帮助他们学习，而不是强迫他们学习或是强行灌输知识。

到目前为止，蒙台梭利的著作已被翻译成20多种文字，在中国也有多种对蒙台梭利著作进行翻译、简写或改编的作品，但是按照儿童阶段发展进行编译的比较少，尤其是对学龄前儿童按年龄阶段进行编译的则更少。为了传播蒙台梭利的经典早教理念，我们将蒙台梭利的经典学术名著按照年龄阶段进行全新通俗化编译，策划出版了本套“蒙台梭利早教经典分段育”系列丛书。我们在忠于原著的基础上，对内容、结构进行了梳理，按照不同年龄段进行编译，这样做的目的是：

◎帮助读者根据自身情况更直接地获取相关知识；

◎减少阅读障碍，使读者享受轻松的阅读；

◎基于不同年龄，掌握蒙氏一系列有针对性的教学策略和方法。

本套丛书主要针对儿童早教，包括1~6岁六个年龄阶段，每个阶段的敏感期、学习的重点、教育的核心等皆不相同，据此，书中会给出蒙台梭利所倡导的不同教育策略和智慧。并且，在每本书的最后，我们还附上了根据蒙氏理论与中国儿童实际生活环境编写的早教游戏训练，旨在帮助读者将书中的理论更好地运用在实践当中。

读者既可以按照年龄阶段来进行阅读，也可按照问题进行阅读，这会减轻读者的阅读负担，节省时间和精力。但是，读者在阅读时需要注意，由于个体差异的关系，每个儿童的发展阶段并不能依年龄来强制划分。但前期的发展必为后期发展的基础，发展的过程是无法以跳跃的方式来进行的。这要求我们既需要有针对性的阅读，也需要对孩子和蒙氏教育有整体性的了解。

希望本书的内容可以对读者朋友的生活、学习或工作有所帮助，这将带给原作者及编译者最大的满足。在本书的编译过程中，得到了李好、李值、焦婷、刘斌、杨婷、刘绍勇、刘晨希的帮助，在此一并表示感谢！当然，本书肯定还会存在不少问题，再次恳请读者不吝赐教。

刘　妍

2015年冬

| 年龄段 | 心智发展 | 独特敏感期 | 语言 | 活动 |
| --- | --- | --- | --- | --- |
| 0～1岁 | ● 进入心灵胚胎期<br>● 以“星云的方式”学习<br>● 感觉中枢和运动中枢协调发展 | ● 拥有敏锐的观察力<br>● 将看到的东西依照顺序储存在大脑里<br>● 对简洁、清楚的语言回以微笑——敏感期的表现 | ● 对母语具有特殊敏感性<br>● 会很认真地观察别人嘴形的变化 | ● 6个月时会坐<br>● 9个月时会爬行和打滚<br>● 10个月时会站立<br>● 最先学会的动作是抓或拿 |
| 1～2岁 | ● 内心具有活动的需求<br>● 逐步实现手与脑、手与脚的结合 | ● 进入秩序敏感期<br>● 希望东西都摆放在熟悉的地方<br>● 用特定的方法使用物品 | ● 学习发音和音节<br>● 1岁半后逐步进入“词汇爆发期” | ● 喜爱模仿<br>● 在行走中探索世界<br>● 行动的节奏与成人不同 |
| 2～3岁 | ● 学会区别不同事物<br>● 学会分类<br>● 成为一个积极的观察者<br>● 拥有活动的本能 | ● 双手不停地做事情<br>● 开始做智力性的工作<br>● 乐于重复练习<br>● 做感兴趣的事情不会感到疲倦 | ● 进入了“思维爆发期”<br>● 逐步为自己的世界命名 | ● 进行听觉、触觉、嗅觉、味觉等系列训练<br>● 进行记忆、描述、比较等系列练习<br>● 喜欢绘画和手工 |

续表

| 年龄段 | 生活 | 环境 | 教养建议 |
| --- | --- | --- | --- |
| 0～1岁 | ● 6个月之前完全依赖母乳，无法消化吸收其他食物<br>● 及时回应哭泣<br>● 不用襁褓包裹孩子 | ● 刚出生时应继续保持在妈妈肚子里的姿势<br>● 喜欢看亮光、鲜花和动物 | ● 无微不至的照顾以唤醒孩子的天赋本能<br>● 顺应孩子的自然成长过程，不要粗暴、盲目地干扰、阻碍其正常发展<br>● 出门时尽量带上孩子，让他们多观察周围的环境 |
| 1～2岁 | ● 想做各种事情（扫地、洗盘子、洗衣服、倒水、洗澡、梳头发、穿衣服等）<br>● 喜爱鲜艳、漂亮的物品<br>● 关注细节 | ● 布置的环境要符合孩子的身高比例<br>● 不要固定孩子周围的物品 | ● 尊重孩子的行动节奏，给孩子行动的自由<br>● 站在孩子身边默默观察<br>● 不打断孩子的活动，不急于“出手相助”<br>● 尊重独立性，不强迫孩子睡眠 |
| 2～3岁 | ● 学习穿衣服和脱衣服<br>● 学习处理简单的家务 | ● 合理安排孩子的膳食，饮食要严格定时<br>● 教具摆放有序<br>● 淘汰掉不需要的用品 | ● 学会静观其变，耐心地等待孩子的进步<br>● 从小建立自尊感<br>● 给孩子自由选择的权利<br>● 了解孩子内心真实的需要和倾向 |

目　录

MONTESSORI BRINGING UP

YOUR 1 YEARS OLD

CHILD

## 第4章 卫生学方面的建议



## 第5章 学会爱你的1岁的孩子



## 附 录

第 1 章

# 从胚胎到降生

MONTESSORI BRINGING UP

YOUR 1 YEARS OLD

CHILD

胚胎的发育实在可以称为“上帝的奇迹”，它是以如此不可思议又独立隐秘的方式完成所有使命的。

·1·

# 婴儿的诞生——神奇的胚胎发育

18世纪之前，哲学家们普遍认为：受精卵内住着一个按比例缩小的人。尽管他还不完善，但只要被置于适当的环境中，就会最终发展成熟起来。这一结论是由莱布尼兹[1]和斯帕拉捷[2]等人根据对植物种子生长的研究推导出的。他们研究发现：

> 植物种子就是一株藏有根、茎、叶的幼小植物，如果把种子埋在土地里，它将会生长并发育成熟。

1 戈特弗里德·威廉·莱布尼兹，德国哲学家、数学家，出生于莱比锡，和牛顿先后独立发明了微积分。

2 拉扎罗·斯帕拉捷，意大利博物学家、生理学家和实验生理学家。

哲学家们将这个观察结论“移植”到了动物和人身上。

当沃尔夫[1]将他关于生殖细胞分裂的发现公之于众时，他向人们展示了生命体是如何发育成熟的。沃尔夫通过大量实验，彻底推翻了莱布尼兹和斯帕拉捷等人提出的“受精卵就是成人的雏形”这一生物学观点。同时，这一发现也提供了一个令人震惊的例子，它揭示了生物体内蕴含的内在力量是如何根据既定目标生长并最终实现发展完善的。

## 细胞（受精卵）的发育

显微镜的发明使观察生命的发展过程变得可能。沃尔夫先观察了鸟类的胚胎——鸟蛋。他发现胚胎起源于单个受精卵细胞。显微镜的观察结果表明，鸟蛋并不像人们之前所想的那样具有成鸟的外形，它与其他任何一个细胞一样，都由细胞核、细胞质和细胞膜组成。所有生物——不论是植物还是动物——都是由这个几乎没有差异的最基本的细胞孕育而来。事实上，人们在显微镜发明之前，从种子中观察到的幼小植株只是一个胚胎，它

1 卡弗·沃尔夫，德国自然哲学家、胚胎学家。他仔细观察鸡的胚胎发育，证明鸡的血管是逐渐形成的，为生物体各种器官的渐成论提供了有力的证据。

是由果实中最基本的生殖细胞发育而来，一旦它被栽种，就会继续发育。

这个生殖细胞能够根据既定的生长模式进行快速分裂。这显示出它与其他细胞的不同，但是在这个最基本的生殖细胞内，并不存在揭示它分裂趋势的迹象，尽管在这个细胞里还蕴藏了一个极小的物质——染色体，它将决定生物体的遗传特征。

## 桑葚期的细胞分裂

如果我们对一个动物胚胎的早期发展进行跟踪观察，就可以看到这个细胞将以2个、4个……的进程进行分裂，并一直持续到它成为一个内空的球形体。生物学家将这个时期称为“桑葚期”。这个内空的球形体随着成长，会持续向内部交叠，形成一个有双层细胞壁、向外张口的球形体——原肠胚。

之后，这个细胞会再经历一整套繁复的分裂和变化，成为具有复杂结构的各种器官和肌肉。当这种活动停止的时候，器官就产生了。发现这种现象的人对此这样解释：器官产生的区域涵盖着许多敏感点。器官起先各自独立发展，似乎每个器官只是以自己为发展目的。当它们进行密集活动时，会围绕着一个中心，显得非常团结，仿佛充满着理想。它们不断地发生变化，与周围其他细胞越来越不一样，呈现出预定中要形成器官的模样。等到不同的器官各自独立地形成之后，就会出现一种力量让它们联系、结合在一起，相互依存，缺一不可。婴儿就在这个时期诞生了。

**循环系统联结全身的器官**

⇩

**神经系统会完成整个联结**

**所有的建构计划都基于一个点**

**从这个点出发完成每一项创造工作**

⇩

**当器官建构完成，它们就会紧密地结合在一起**

**呈现出一个独立的生命体**

所有的高等动物都遵循着这个计划来建构，这是自然界唯一一种建构计划。

## 器官的发展

所有哺乳动物的胚胎——当然也包括人类的胚胎——最早出现的器官都是一个小胚囊，它将长成心脏，会以规律的节奏搏动，其搏动的频率是母亲心脏搏动频率的两倍。它要为正处于孕育阶段的其他组织和器官提供必要的“养料”，并不知疲倦地一直这样工作下去。

胚胎的发育实在可以称为“上帝的奇迹”，它是以如此不可思议又独立隐秘的方式完成所有使命的。这些细胞能够准确无误地完成各种转化，有的变成骨骼，有的变成神经，有的变成皮肤……而且这些器官也具有各自的独立功能。但是，这个上帝的奇迹却被精心掩藏了起来，大自然用一种神奇的物质将胚胎包裹好，只有大自然才能在恰当的时机将各种胚胎打开，将一个个新生命带到世上。

## 新生命诞生

刚刚降生的小生命并不仅是一个物质有机体，它就像一个生殖细胞一样会按照既定法则生长发育。这个有机体的功能不仅会通过各种器官得以发挥，它还具有一种本能，但我们是无法通过观察单个细胞来发现这种本能的。正如每一个受精卵都蕴含着整个有机体的发展蓝图一样。这个新诞生的小生命，不管它属于什么物种，本身都拥有一种精神本能，让自己能够适应环境。每一种生物——包括最低等的昆虫——都是这样。蜜蜂具有惊人的本能，能在复杂的环境中生活和工作，但我们是无法在虫卵或幼虫中发现这种本能的，只有成熟的蜜蜂才具备这种本能。同样，鸟蛋也只有在孵化成鸟后才具有飞行的能力。

婴儿是突然地、非自愿地降生到这个陌生世界的。这里的环境与他们之前在子宫中生活的环境完全不同。婴儿必须适应新的环境，却又无法用语言表达适应过程中的辛苦。

·2·

# 出生难关

## 对新生儿的盲目无知

有人认为，自然界一定会在必要的时候为它的子民提供他们所需要的帮助。当文明使人类可以超越和控制自然时，我们可能就会对观察其他动物的自然发展失去兴趣。可是，如果我们仔细观察一下动物的习性，就会发现：

动物妈妈会把它的孩子藏起来，使孩子们在出生后的一段时间内避开光线；动物妈妈会用自己的身体为小幼兽保暖；动物妈妈还会极其警觉地保护自己的孩子，不让其他动物靠近、触碰幼小的宝宝，甚至连看一下都不行。

## 过度保护的养育方式

反过来看看我们人类的新生儿吧！不管是面对自然环境还是人类文明的社会环境，都没有人帮助他们减轻适应环境所要面对的负担。我们本来应该让婴儿在刚出生后的一段时间里继续保持在妈妈肚子里的姿势。可实际情况却是，新生儿往往一出生就马上被穿好衣服，而且在一段时间内还被紧紧地包起来，让他们柔弱的四肢承受强力的束缚。

对婴儿抱持这种态度会危害婴儿的心理生活，会使人们误认为婴儿不仅肌肉不活跃，而且他们本身也是弱小而迟缓的，甚至根本没有心理生活。由此，成人便刚愎自用地认定，婴儿是在他们的照顾和帮助下才神奇地成长起来的。他们把对婴儿的“帮助”视为一种责任，并认为是自己塑造了儿童，并创造了他们的心理生活。成人希望通过对儿童进行教导和劝告来发展他们的情感、智能和意志力，却不知道在这项创造性的工作中，成人所做的仅是“表面文章”。

在这样做的时候，成人声称自己拥有一种神圣的力量，他们是儿童的守护者，并且是遵照《圣经·创世记》中的箴言行事的："我将按我的意愿来造人。"由此可见，骄傲真是人类最致命的一种罪恶，妄想扮演上帝的角色正是导致我们子孙后代痛苦的根源。

## 过度放养的养育方式

有这样一种观点：

健康的孩子完全具备抵抗能力，他们能适应环境。

还有人说，只要孩子能活下来就行了。由此可以看出，他们判断孩子是否能够适应环境的标准就是孩子是否能平安地活着。自然界的万物不都是这样吗？如果人类真有这么强壮，为什么不干脆在树林里自在地居住呢？为什么还要在冬天拼命去保暖，将全身都裹上柔软的毛毯，然后坐在安乐椅上，享受那种安闲舒服的生活呢？难道我们比刚出生的婴儿还脆弱吗？

总之，人的内心有一种没有道理可讲的无知，一种已经深入个人心灵甚至整个文明的盲目。这就如同视觉上的盲点一般，人们对新生儿的盲目无知，就是人类对生命的一个盲点。

## 新生儿的“出生难关”

我们从过去的经验中已经发现了一个可怕的事实，那就是一个人在婴儿时期所遭遇的不良经历，将会影响他一生的发展。可以说，胎儿在母体内的发育以及他出生后在儿童期的成长，都对一个人日后的发展具有关键的、决定性的影响。世界各地的专家学者都指出，胚胎期和儿童期的成长发育，不仅对一个人成年之后的健康状况有一定的影响，还对全人类社会的延续发挥着至关重要的作用。到目前为止，人们只是觉得生产——人类整个生命过程中的这个最艰难时刻对产妇来说是十分危险的，却没有人意识到它对于新生儿来说更是一道难关。

为什么说生产对新生儿来说是一道难关呢？因为经过生产，新生儿完全脱离了他之前赖以生存的母体，必须马上依靠自身还未发育完全的器官来维持自己的生命。在没出生之前，胎儿是在母体内为胎儿特别提供的温暖羊水中生长，母体保护着胎儿，不让他受到一丝一毫的躁动和温度差异的影响，甚至连特别微弱的光线和十分轻柔的声响，都被母体隔离在外面。但是，通过生产，新生儿从母体温暖的羊水里来到空气中。原来一直在妈妈肚子里安静成长的胎儿，不得不经历一次辛苦而艰难的生产战斗，而且没有任何适应时间，他那瘦弱的身躯要受到像来自两块重石一样的挤压降临到我们怀中，就像是历经了长途跋涉的朝圣者一样。

对于新生儿的降生，我们又做了些什么事情来帮助他呢？我们是怎样迎接他的到来的呢？

在生产的过程中，几乎所有人的注意力都放在妈妈身上，而新生儿仅仅被粗略地检查一下，确定他能够健康地活下去就算大功告成了。刚刚成为爸爸妈妈的成人，满心欢喜地看着自己的孩子，他们作为大人的自我，正因为这个健全婴孩的诞生而得到满足。因为孩子的出生，实现了他们期盼已久的一种渴望——他们共同拥有了一个孩子，将会令他们的家庭紧密交融于一种爱的感觉之中。

## 新生儿的出生创伤

实际上，有一部分人关注到了婴儿出生的问题。这种关注不仅体现在心理学的研究上，也体现在文学创作中。心理学家们经常借用文学作品中“出生是一个痛苦之旅”这句话来描述出生。这句话不是针对母亲而是针对婴儿来讲的。新生儿遭受痛苦却无法说出来，只能在出生后通过哭泣来宣泄曾经经历的苦难。

婴儿是突然地、非自愿地降生到这个陌生世界的。这里的环境与他们之前在子宫中生活的环境完全不同。婴儿必须适应新的环境，却又无法用语言表达适应过程中的辛苦。现代心理学家用“出生恐惧”一词来描述婴儿在这一具有决定性意义的重要时刻的心理生命。

在这里，我们所要探讨的是一种无意识的恐惧。

> 如果新生儿会说话，他们会问我们：
> 你为什么要把我带到这个可怕的世界？
> 我该做什么？
> 我该如何在这个新环境中生活？
> 我该怎么忍受这些可怕的噪声？
> 我怎样才能完成原来由母亲的器官完成的功能呢？
> 我该如何学会呼吸和消化？
> 我该如何忍受无常的天气变化呢？
> 你知道子宫内的环境是温暖而稳定的吗？

儿童对所经历的事情都处于无意识状态。虽然他们并不明确知晓出生的痛苦，但这种痛苦肯定会在他们的心灵深处留下烙印。他们的潜意识肯定对此产生了感觉，并通过哭的方式来排解这种痛苦。

关于这个问题，我们的结论是：

**成人必须帮助婴儿适应这个世界。**

我们不要忘记，刚刚出生的婴儿也会产生恐惧感。如果我们把刚出生的婴儿放入水中，他们就会做一些抓的动作，就像害怕自己掉到地上似的。这是一种典型的恐惧反应。

那么大自然又是如何帮助新生儿的呢？当然有一些措施，比如，母亲会本能地将孩子抱在自己的胸前，这样可以防止阳光直射婴儿。所有这些事情都表明：母亲好像已经在潜意识里意识到了外界会对孩子造成伤害。母亲紧紧抱住孩子，给他温暖，便可防止他受到伤害。

在自然界，动物对幼崽采取的保护措施好像比人类保护自己的后代更为积极。比如，我们可以看到：母猫会把刚生下的小猫放到黑暗的角落，如果有人想接近小猫，母猫就会变得异常凶恶。

在人类社会，母亲的保护天性似乎没有这么强烈，并且也很容易消失。婴儿在出生后很少会出现被抢走的情况，我们可以给他们洗澡穿衣，把他们抱到阳光下观察他们眼睛的颜色。我们似乎更愿意把婴儿看作一件有趣的东西而不是一个活生生的人。这既是因为理性对我们的控制超过了天性，也是因为我们习惯于认为儿童没有心理生命。

因此，我们现在可以对这一重要阶段作出以下解释：动物的种族本能是在刚刚出生时被唤醒的，而不是被艰难的环境刺激产生的，是动物的行动促进了其本能的发展。

这一现象发生在动物身上，也适用于人类。我们所讨论的并不只是一个艰难的时刻，而是一个对未来能起到决定性作用的时刻。这时，一种潜在的力量——心灵胚胎被唤醒，它会帮助婴儿完成许多极具创造性的工作。在每一个身体发生关键性变化的阶段，我们都能看到一些明显的标志，如婴儿出生后被剪断脐带与母体分离就是标志之一。这些阶段非常重要，心灵胚胎就是在这一时期开始觉醒的。

因此，我们不但必须注意婴儿的出生创伤，还要注意出生创伤所带来的各种表现。虽然儿童不像动物那样有一些先天能力，但是他们必须具备一种可以促进行为产生的潜在力量。在儿童的记忆里，没有所谓遗传的东西，但儿童一定会经历一个由潜在能量产生的迫切需求阶段。这时，潜在力量可以帮助儿童成长，帮助他们依靠周围的环境形成自己的个性。我们把这种无形的要求称为“星云”。动物在出生之后就遗传了这种能力。它们一生下来就能够自然地活动和控制自己，还具有进食和防御等先天能力。

回归倾向的主要表现就是新生儿还留恋于出生前的状态，拒绝进行发展。所有婴儿都会出现一些类似的回归倾向。婴儿会在出生时感觉到不适应，他们似乎在内心深处说：“我要回到母体中去。”

·3·

## 回归子宫的倾向

现在，医学心理学提出：

“出生时”是一个短暂的、具有决定性作用的时间点。

这一观点是以弗洛伊德的理论为依据提出的，并在具体的研究中找到了论据。这个时间点在婴儿由于出生创伤导致的回归症状之后，在儿童由于成长环境受到干扰而产生的压抑症状之前。但是，回归并不等同于压抑，婴儿在经历了出生创伤而产生的一系列症状都表明，他们具有一种无意识的倾向，这种倾向就是回到母体（子宫）中，而不是继续成长。

## 长时间的睡眠

现在，我们已经了解出生创伤不仅会让婴儿通过哭泣来表达自己对曾经经历的出生之痛的抗议，还会让婴儿以一种非正常的方式发展。这会导致婴儿产生一种心理变化，从而背离心理发展本能。处于这种状态的儿童，会朝着一个与正常发展方向不同的异常方向发展。

回归倾向的主要表现就是新生儿还留恋于出生前的状态，拒绝进行发展。所有婴儿都会出现一些类似的回归倾向。婴儿会在出生时感觉到不适应，他们似乎在内心深处说：

我要回到母体中去。

我们都知道新生儿需要很长的睡眠时间，但如果时间过长就不正常了。弗洛伊德就把婴儿的这种回归倾向看作逃避的一种形式。这源自婴儿对其所面临的生命和环境产生了一种畏惧的情绪。

另外，睡觉也促进了潜意识的开发。当遇到重大的困难时，我们就会很想睡觉，因为睡眠可以让我们面对梦境，远离现实世界，不用再为生活苦苦挣扎。睡眠是我们逃离现实世界的避难所。

同时，我们也要对睡眠姿势加以注意。婴儿的自然睡眠姿势是把手放在脸的附近，并且将腿弯曲。很多成人也会采用这个姿势睡觉。这是胎儿在子宫中的姿势。这一现象同样说明人有回归子宫的倾向。

## 对他人的依赖

另一个回归子宫倾向的表现是婴儿在醒来之后的啼哭——他们为要面对这个令人不愉快的世界而感到恐惧。

在婴儿长大成人之后，这种回归倾向可以表现为对他人的依赖——很多人都害怕独处。这种依赖倾向并非因为喜爱，而是因为害怕。胆小的孩子总是喜欢待在别人的附近，尤其是待在母亲的附近。有些孩子不喜欢外出，而更喜欢待在家里过与世隔绝的生活。那些原本应该引起他们兴趣的外界事物，对他们来说却充满了恐惧。他们对新环境感到非常陌生，不但不觉得周围的环境具有吸引力，而且感到自己被排斥在外。

## 回归倾向的负面影响

如果在出生早期，婴儿就对赖以生存的环境产生了一种畏惧感，他们以后的健康成长必将受到影响。这样的孩子将来就可能会形成桀骜不驯的性格，与社会格格不入。对于他们来说，从周围环境中学习、吸收经验永远是一个很难完成的使命。人们可以用这样一句话来形容这样的人："生而痛苦。"他们对所有的东西都感到厌烦，呼吸对于他们来说都是一件麻烦事。

这些人所做的很多事情都是有悖常理的。这种类型的人还比其他人需要更多的休息和睡眠，他们的消化功能通常也很脆弱。

我们可以想象这些儿童的未来是什么样子的，而且这种症状还是很难改变的，将会伴随他们一生。这种类型的儿童大多表现为：爱哭、常常求助于他人、懒惰、压抑。长大后，他们会与社会格格不入，不愿接触陌生人，胆子很小。这种人参与社会竞争的能力很弱，他们需要鼓励和帮助。

这是一种无意识心理产生的巨大负面作用。它不存在于人们的有意记忆中，而是存在于潜意识中。虽然人们看起来好像已经不记得曾经发生的事情了，但这些记忆根深蒂固地存留在我们的记忆基质中，已经成了性格的一部分。

无知地对待儿童所造成的后果，比无知地对待成人所造成的后果要可怕得多。这会在婴儿的心中产生巨大的障碍，进而形成一种阻碍世界发展的个性。

## 唤醒孩子的潜在本能

心理专家们强调“出生时”这一关键时刻对人心理发展的重要作用。在上文中，我们仅仅对婴儿早期回归倾向的危险性进行了讨论。同样地，我们也必须思考一下哺乳动物对幼崽采取的保护措施。自然主义者认为：在刚刚出生的几天内，母亲无微不至的关爱会唤醒动物体内的天赋本能。我们也可以以此为基础，对婴儿的心理进行更加深入的研究。

我们在重视新生儿对周围环境的适应时，必须重视出生带给他们的影响。因此，我们要对新生儿给予特殊的帮助。在出生那一刻，母亲和婴儿要面临不同的危险，但他们却同样面临困境。对于婴儿来说，虽然他们身体上也要面临很大的危险，但心理上所要面临的危险比身体上的要严重得多。

儿童要求独立是他们自然成长的一项基本要求。如果我们能对儿童的自然成长给予足够的关注，儿童就会逐步实现独立。这条原则不仅适用于儿童的心理成长，也同样适用于身体生长。

·4·

# 儿童的独立历程

## 独立是儿童成长的基本要求

如果儿童没有回归子宫的倾向，他们就会努力获得身体和心理上的独立。儿童从刚刚出生起就踏上了追求独立的旅程。儿童独立性的发展犹如离弦之箭，具有不可阻挡的趋势。

在儿童的成长过程中，有一股力量在他们体内起着重要的作用，促使儿童不断地完善自己，克服前进道路上的各种困难，朝着自己的目标不断努力。这种力量就是被生理学家帕西·纳恩先生称为“有目的的行动”的神秘力量。

如果我们想在意识世界里找到与有目的的行动对应的东西，那可能就是我们所说的主观意愿了。但是这个比喻也并不十分恰当，因为主观意愿是受到限制的，它是个人意识的一部分，有目的的行动则是一种身体机制的本能，我们可以将它视为一种自然的推动力、一种进化的原动力。这种力量可以使儿童在成长过程中作出各种行为。如果儿童的正常成长没有受到任何干扰，就会以一种充满活力的、愉悦的方式成长。

儿童要求独立是他们自然成长的一项基本要求。如果我们能对儿童的自然成长给予足够的关注，儿童就会逐步实现独立。这条原则不仅适用于儿童的心理成长，也同样适用于身体生长。因为身体也有发展的要求，而且这种要求非常强烈，只有死亡时才会停止。

我们下面就对儿童独立的过程及其各个阶段进行研究。儿童出生之后离开子宫这个“囚笼”，是他们开始迈向独立的第一步，此后他们就被赋予了一种面对世界、学习和吸收各种知识的强烈渴望。他们通过对周围事物的学习和吸收，逐渐形成自己的个性。可以说，征服世界是人类与生俱来的欲望。这是儿童降生后的第一个阶段标志。

如果儿童有一种征服周围环境的强烈期望，就说明这个世界对他们来说具有一定的吸引力。因此，我们可以说（虽然并不十分准确）：儿童热爱他生活的世界，世界对儿童来说充满了丰富的感官刺激。

## 身体独立的进程

婴儿一降生，首先开始工作的器官就是他们的感觉器官。这些感觉器官能够起到什么作用呢？它们可以传输外界的刺激，帮助儿童形成自己的个性。

我们的感官可以带给我们什么呢？比如，我们可以：

看到视线范围内的所有事物。
听到听觉范围内的所有声音。

虽然我们的感知范围非常广，但我们并不是从一开始就能够清楚地进行分辨的。比如，我们最初听到的是一种声音的混合体，并不能分辨出每一种声音。之后，随着经验的积累，我们才能慢慢找出不同声音之间的差别，分辨出不同的声音。

这是一个正常儿童的心理发展过程：儿童先吸收所有的东西，然后再一一加以辨别。

假设一个婴儿，他对周围环境没有喜爱之情，只有恐惧感，那么外界环境对他们来说就成为恐惧之源了。

显然，这两种情况存在很大差别。通过对婴儿的研究，我们发现，如果外界对他们的影响出现在出生后6个月内，婴儿的生长会以正常的状态进行。关于这一点，我们可以从儿童身体发育方面找到证据，比如长牙、胃部分泌胃酸等。我们也可以通过一些试验进行检验。婴儿的身体是遵循一定的规律逐渐成长的，所以在6个月大时他们可以不再完全依赖母乳，至少可以吃一些辅食。而在此之前，婴儿则完全依赖母乳，无法消化吸收其他食物。婴儿这时已经达到一种非常独立的水平。这些6个月左右的婴儿似乎在用身体告诉我们："我可以不再依靠妈妈了，我可以完全独立地生活了。"

这种情况也同样发生在青少年时期。这时，孩子会对过于依赖父母感到羞耻，他们希望自己能回报父母。

大约就在同一时期（我们把这一时期看成最重要的时期），儿童第一次能够发音。这是儿童语言学习的第一个里程碑。此后，儿童还会继续发展，直到他们完全独立。一旦儿童会说话了，他们就可以表达自己的思想，而不必再靠别人揣测他们的需求。他们也可以与这个社会进行交流，因为语言是人与人之间交流的工具。

通过语言与他人进行交流，是儿童独立进程中的关键一步。原本看起来“一无是处”的儿童现在已经可以表达自己的思想，并且能够听懂他人的话语了。他们似乎在某一天就同时具备了听和说的能力。

用不了多久，儿童长到了1岁，他们开始学习走路，努力摆脱不能走路的束缚。学会自由使用两条腿到处走动的儿童开始四处乱跑。如果有人接近他们，他们会跑开，躲藏起来。

在发展的过程中，这些能够促使儿童逐步迈向独立的能力一一体现了出来。现在，让儿童自由或想让儿童自由已经不再是问题了，因为他们的自由独立已经成为一种实实在在的状态，是成长的必然结果，是大自然给了儿童成长的机会和独立的能力，并帮助儿童获得了自由。

学习走路对儿童来说具有十分重要的意义。这不仅是因为学习走路是一个复杂的过程，还因为学习走路是在儿童出生后第一年完成的，而且它同语言学习和认识周围环境等是同时进行的。对儿童的身体发展来说，走路是一件至关重要的事情。其他哺乳动物都不必学习行走，只有人需要经历这个过程。儿童在还没有学会走路甚至站立之前，必须在身体上完成三方面的发展。而其他哺乳动物在刚刚出生后就可以走路了。出生之后，人类的身体看起来好像什么也不能做，需要很长的时间来培养各方面的能力。

仅仅是站立和行走，就需要在各种复杂的神经机制相互协调下才能完成。事实上，在这一时期有两方面的发展对儿童的成长起到了非常重要的作用。其中，大脑底部的小脑就是一个关键的方面。

儿童的小脑在6个月时开始快速生长，在14～15个月时生长速度开始渐渐放慢。一直到4岁半左右，小脑的生长基本完成。儿童的站立、行走能力取决于小脑的发展。只有小脑正常生长，儿童才能完成一系列的成长。

| 月龄 | 所掌握动作 |
| --- | --- |
| 6个月 | 坐 |
| 9个月 | 爬行、打滚 |
| 10个月 | 站立（不稳） |
| 12～13个月 | 行走 |
| 15个月 | 稳稳地站立 |

另一个方面的发育是特定神经系统的发育。脊椎神经能够将指令传达到腿部肌肉，一旦脊椎神经没有长成，命令就无法传

导。脊椎神经就是在这一时期形成的，这对于控制肌肉非常必要。因此，行走是由许多复杂因素协调发展完成的。

此外，骨骼的发育也至关重要。我们都知道婴儿的腿骨还没有充分钙化，骨质很软，无法承受身体的重量。在婴儿开始走路之前，骨骼必须先完成钙化。另外，我们还必须指出另一点，婴儿出生时还没有完全闭合的头骨骨缝在这时已经长合，当儿童摔倒时就不会有伤及大脑的危险。

在此之前，我们不能教儿童走路。因为走路需要身体各方面的协调，儿童必须等到各个相关器官发育成熟后才能学习走路。也就是说，孩子在何时学会走路是由自然发展规律决定的。违反自然发展规律对儿童的生长发育是有害的。

在养育孩子时，成人必须依据自然规律，遵守自然法则。同样地，如果我们想阻止儿童走路也是不现实的，器官在发育成熟之后必须要加以应用，这也是大自然的规则。大自然对“创造”一词的解释，不光包含做了什么，还包含所做出的东西是否发挥了作用。一个器官在形成之后就会马上开始发挥作用。我们将器官的这种功能性工作称为“环境经验”。如果没有获得这种经验，就表示器官没有正常发育，或者没有发育完全。因为只有器官正常发挥功能，才意味着它已经发育完全。

## 婴儿的第一本能

婴儿的第一本能就是拒绝别人的帮助，自己去做事情。他们争取独立的第一个有意识的要求就是：保护自己免受他人的阻碍，通过自身努力达到自己的目标。

如果像很多人所认为的那样，最好的生活就是坐在那里什么也不用做的话，那么婴儿在出生之前的生活就是最好的生活了。他们在母亲的子宫里时，所有的事情都由母亲为他们完成。想一想学习语言，与他人交流这一艰难的过程吧！如果什么也不做真的是最好的生活状态的话，那么儿童为什么还要学习说话、吃饭，为什么还要走路、思考，为什么还要为探索周围的世界而感到惊喜和快乐呢？

儿童向我们证明，生活的意义不仅仅是这些。儿童向我们表明，自然的成长方式与社会的教育方法是不同的。儿童通过自己的行为来争取身体和思想上的独立。他们不关心其他方面，只想自己学习知识，吸收周围世界的经验，并通过自己的努力达到这一目的。我们必须清楚地认识到，我们给予儿童自由和独立，就是在给予一个不停劳动的工作者自由和独立，他们不工作就无法生存。这一规律在其他生物身上同样适用，阻碍这种规律的发展就意味着倒退。

## 警惕退化和偏离正轨

生物界的所有生物都是具有活力的，生命就是活力的最高表现形式。生命只有通过活动才能趋于完美。社会活力是一代代人传承下来的。人们想少工作，想让别人代替自己工作，这些违反自然规律的行为和想法是在儿童时期形成的，是一种退化现象。这些退化现象的出现是由于没有人在婴儿刚出生的几天为他们适应环境提供帮助，使儿童对外界失去了兴趣。这些孩子喜欢得到他人的帮助，喜欢依靠别人，不喜欢交朋友，却喜欢睡觉，他们具有一种退化的倾向，就是科学家所说的回归倾向。正常地出生和成长的儿童，会逐步走向独立。逃避独立是一种退化的表现。

对这些非正常儿童的教育给我们提出了一个新的课题——我们该如何对这种偏离了正常发展轨道的衰退情况进行调整呢？这些非正常状态的儿童不喜欢他们的环境，因为他们认为环境中包含着太多的困难。在他们眼里，这些困难是难以克服的。这些儿童成为儿童心理研究的对象。我们将这种研究纳入儿童精神病理学的范畴。由此，儿童指导诊所大量出现，人们针对这些孩子研究出了一些新的治疗方式，如游戏疗法等，为这些儿童提供帮助。

儿童的学习环境不应该有过多的障碍，环境中的障碍应该尽量减少，甚至全部消除。现在，儿童的生活环境中吸引注意力的事物已经越来越多，尤其是那些处于非正常状态儿童的生活环境更是如此。这样做可以使儿童感到克服困难是一件容易的事。

应该让儿童进行有趣味的活动，因为这样的活动可以帮助儿童发展。环境中应该有很多能够引起儿童兴趣的事物，让他们从环境中获得经验。我们应该遵循一些生命和自然的基本原则，这些原则可以把有退化现象的儿童由懒惰变得积极，由倦怠变得充满活力，由恐惧（这种恐惧会使儿童拒绝与身边的人进行必要的交流）变得乐观，让他们享受到生命的乐趣。

让一个非正常儿童从懒惰到充满活力需要一个治疗的过程，它跟一个正常儿童从懒惰变得充满活力的发展过程是一样的。

# 本章小结

## 蒙氏养育观点

这个刚刚降生的小生命并不仅是一个物质有机体，它就像一个生殖细胞一样会按照既定法则生长发育。这个新诞生的小生命，不管它属于什么物种，本身都拥有一种精神本能，让自己能够适应环境。

婴儿是突然地、非自愿地降生到这个陌生世界的。这里的环境与他们之前在子宫中生活的环境完全不同。他们必须适应新的环境，却又无法用语言表达适应过程中的辛苦。所有婴儿都会出现一些类似的回归倾向。婴儿会在出生时感觉到不适应，他们似乎在内心深处说："我要回到母体中去。"

在刚刚出生的几天内，母亲无微不至的关爱会唤醒动物体内的天赋本能。在儿童的成长过程中，有一股力量在他们体内起着重要的作用，促使儿童不断地完善自己，克服前进道路上的各种困难，朝着自己的目标不断努力。这种力量就是被生理学家帕西·纳恩先生称为"有目的的行动"的神秘力量。

儿童要求独立是他们自然成长的一项基本要求。如果我们能对儿童的自然成长给予足够的关注，儿童就会逐步实现独立。这条原则不仅适用于儿童的心理成长，也同样适用于身体生长。我们必须清楚地认识到，我们给予儿童自由和独立，就是在给予一个不停劳动的工作者自由和独立，他们不工作就无法生存。这一规律在其他生物身上也同样适用，阻碍这种规律的发展就意味着倒退。

一个人在婴儿时期所遭遇的不良经历，将会影响他一生的发展。可以说，胎儿在母体内的发育以及他出生后在儿童期的成长，都对一个人日后的发展具有决定性的影响。无知地对待儿童所造成的后果，比无知地对待成人所造成的后果要可怕得多。这会在婴儿的心中产生巨大的障碍，进而形成一种阻碍世界发展的个性。

## 蒙氏养育指导

□让婴儿在刚出生后的一段时间里继续保持在妈妈肚子里的姿势。

□6个月大时，婴儿可以不再完全依赖母乳，至少可以吃一些辅食。而在此之前，婴儿则完全依赖母乳，无法消化吸收其他食物。这些婴儿似乎在用身体告诉我们："我可以不再依靠妈妈了，我可以完全独立地生活了。"

□只有小脑正常生长，儿童才能完成一系列的成长：在6个月时会坐，9个月时会爬行和打滚，10个月时会站立，12~13个月时会行走，15个月时能稳稳地站立。

□儿童必须等到各个相关器官发育成熟后才能学习走路，因为走路是由自然发展规律决定的。违反自然发展规律对儿童的生长发育是有害的。在养育孩子时，成人必须要依据自然规律，遵守自然法则。

□让儿童进行有趣味的活动，因为这样的活动可以帮助儿童发展。环境中应该有很多能够引起儿童兴趣的事物，让他们从环境中获得经验。

□心理的成熟只有通过环境经验才能实现。环境经验在发展的每一个阶段都会改变形式和内容，环境经验是以不断重复的形式出现的。

第2章

# 有吸收力的心灵

MONTESSORI BRINGING UP

YOUR 1 YEARS OLD

CHILD

人类拥有两个胚胎期：一个在出生之前，这是与其他动物相同的；另一个在出生之后，这是人类所特有的，这也是人类区别于其他物种的一个典型特征。

·1·

# 心灵胚胎

## 人类有两个胚胎期

我们之所以能辨别不同的物种，是因为它们之间的差异性而不是相似性。一个物种之所以能够称为物种，正是由于它与其他物种之间存在着差异。一个新物种的出现不只是对前一个物种的继承，虽然它可能会表现出前一个物种的某些基本特点，但是它也具有新的特征。正是由于物种在发展过程中表现出这种特殊的“喜新厌旧”，生物王国才变得生机勃勃。

因此，在恐龙灭绝之后，哺乳动物和鸟类的出现为自然界带来了新的气象。它们不仅继承了原有物种（爬行动物）的特点，还表现出了很多新的特征。

**恐龙**

（丢弃自己产下的蛋）

⇩

**鸟类**

（加强了对孩子的保护，懂得以筑巢的方式有意识地保护幼鸟）

⇩

**除人以外的其他哺乳动物**

（保护幼崽的本能更加强烈，如孕期将幼崽放在自己的体内，用自己的血液为其提供营养）

⇩

**人类**

（拥有两个胚胎期，明显区别于其他物种）

与其他哺乳动物相比，人类则更进一步，具有了一些新的特征。其中，最显著的一点就是人类拥有两个胚胎期：一个在出生之前，这是与其他动物相同的；另一个在出生之后，这是人类所特有的，这也是人类区别于其他物种的一个典型特征。

婴儿在出生那一刻完成了生命的一次飞跃，他们进入了第二个胚胎期，这是他们生命新旅程的起点。新生儿所面临的生活与子宫中的生活不同。新生儿在这一特殊的成长时期所要经历的活动都是极具创造性和构建性的，所以在某种意义上我们可以将之称为“心灵胚胎”。在这个阶段，他们要经历一种与胚胎期的生理性成长完全不同的成长，这是一种心灵层面的成长。当然，这个阶段也不同于他们将来长大成人后要经历的成年阶段。

由此，我们必须站在一个新的起点之上，对儿童的发展和人类的心理进行研究。如果人类的劳动与他们的精神和创造性智慧有关，那么精神和智慧必定会成为人类存在的支点。人类的行为和活动将把这个支点作为展开的基础，人类也将以此为前提获得发展。

## 心灵胚胎是生命路程的新起点

新生儿应该被当作心灵胚胎来对待，他是一种包藏在肉体中降临到这个世界上的精神。可是，在科学的视角中，新生命却被看作是一片空白的。各种组织和器官组成了这个活生生的个体，而这些都是可以通过科学仪器测量出来的，然而，我们所说的精神却无从考察和证实。这一切一直是一个有待探索和揭示的谜。

刚刚出生的孩子，正站在人生旅程的起点。新生儿出生以后，在很长一段时间内都不能自主，也没有能力去做任何事，如同一个身体虚弱或瘫痪的病人一样，需要得到别人的照顾才能生存下去。除了呜咽地哭泣或因疼痛而产生的叫喊以外，新生儿在大部分时间里都沉默不语。而往往当他一哭，我们就会马上冲过去，好像有人急需我们帮助一样。

要等到很长时间之后，可能是好几个月，也许是一年以后，新生儿才不那样娇弱，而比较像个小孩子了。再过几年，他的声音也会变成小孩子那样。

对于孩子身体和心理的成长现象，我们可以将其看成一个成“人”的变化。从另一个角度来说，成长是一个非常神奇的过程。在这个过程中，有一种内在的力量启动了新生儿原本可以自主的身体。这个力量一启动，新生儿的手脚就开始运动起来了，还会开始学习说话。从此，新生儿不只具有行动的能力，也具有了表达思想和意见的能力，这就是人的内化过程。

我们把儿童吸收的语言称为他的“母语”。这种声音的刺激不仅会进入孩子的心智，还能通过复制变成孩子自身的一部分。我们将这种心智称为“有吸收力的心灵”。

# ·2·

# 有吸收力的心灵

## 人的发展是个缓慢而神秘的过程

与其他动物相比，人类的婴儿出生之后，在很长一段时间内需要别人的照顾。从实际情况来看，这对婴儿的成长的确具有十分重要的意义。为什么这样说呢?

其他动物无论出生时多么脆弱，几乎都要马上或者在很短的时间内就依靠自己活下去。它们得马上能走，甚至要跟在妈妈身后跑，还要学会跟同类动物进行沟通。比如，小猫要学会喵喵叫，小绵羊要学会咩咩叫。尽管它们发出的声音可能显得比较微弱，但我们还是能够听到它们不断发出的叫声。动物的成长准备阶段非常短又非常简单，可以说它们一生下来，自身的本能就已经决定了它们的行为。比如，淘气的小老虎从出生时开始，就已经能够自己站立，在之后很短的时间内就可以敏捷地行动了。

降生到这个世界上的每一种动物，都不只是具有其外在的形体，还具备与生俱来的潜在本能。而所有的本能都是通过动作体现出来的，它们代表着不同物种的个体特征。有人认为，动物的特征是由它们的行为得以归纳出来的，而并不是他们的外表。所以，动物身上具有而植物所不具有的那些特性，就可以被统称为“心理精神特质”。既然连动物的心理精神特质在出生的时候都有很明显的体现，怎么能说人类新生儿没有这样的天赋呢？有一种科学理论有这样的观点：动物现有的种种行为表现是在一连串物种繁衍的经验累积中形成的。那么人类的特征不也是这样吗？人类也是经历了先直立行走，再不断发展出语言的过程，并把经验传递给后代。

因此可以说，这里面一定包藏着一个真理。让我用物品的制造方法来打个比方。有些东西是经过机器快速大批量制造出来的，完全是相同的；而另外还有一些东西是以手工慢慢制成的，每一个都有不同之处。手工制作的价值，就在于它体现出了艺术家的独特风格。这个比方正好可以用来说明其他动物跟人类在心理上的差异：

> 动物就好比机器大批量“制造”的产品，每种动物一出生，就已经具有了跟自己相同种类动物一样的特性。
>
> 人却是由“手工制造”出来的，每一个个体都有所不同，好比大自然创作出来的艺术品，每一个人都有自己与众不同之处。而且，人的制造过程比较缓慢，需要一定的时间。在人的外表还没有得以显现之前，他的内在就已经开始发展了，这种发展绝不是为了要复制出与其他人一模一样的人，而是要创造出一个真正全新的人。

到目前为止，人的内在发展依然是一个无法进行预知的谜。我们可以说的是，人类的发展一直都要经历一段漫长的内在构建过程，就像一件伟大的艺术品在呈现于大众以前，艺术家一定要先在他安静的工作室内进行一番用心的精雕细琢。

人格的形成要经历一个看不见的过程，而对于我们来说，婴儿更像一个谜。我们只是明白婴儿将来会有无限的发展可能，至于他会成为什么样的人，取得什么样的成就，我们却无从知晓。在婴儿弱小的身体中，有着比其他动物更加复杂的独特机制。人都是独立的个体，每个人所具有的独特意志让他能够完成自身的具体转化，并向前迈进。音乐家、艺术家、运动员、君王、英雄、罪犯、圣人在同样的方式下出生，但是他们都带着自己的发展之谜来到了这个世界上，而激发着每一个人去做不同事情的正是个性的发展。

## 人类心理的独特发展规律

很多喜欢思考的人常常会想：“为什么拥有最高智慧的人类需要有这样漫长而且艰辛的婴幼儿期，可其他动物却不是这样的。”还有很多人忍不住要问：“婴儿期究竟是怎么回事？”他们觉得其中仿佛有无限的秘密。这确实是一项心灵创造的工作，一切都是从零开始的。人类的成长并不像小猫长成大猫那样喵喵声逐渐从小变大，也不像小牛、雏鸟成长的表现只是叫声越来越响亮。对于人类来说，成长不只是一种简单的发展，还是一种从无到有的创造。幼儿在心智上跟成人很不相同，他们凭自己的天赋创造出很高的成就——不仅掌握了语言，更发展了说话的器官，还创造出各种各样的身体动作和表达智慧的方式。这并不是孩子受到有意识的“意志”主宰而实现的，而是他们通过潜意识的心智来完成的。这是一种不可思议的智慧。我们发现，某些时候，环境中的一些事物会引起孩子极大的兴趣，使其表现出一种贯穿整个生命的热诚，这就是潜意识的力量。

孩子一出生就有听觉，而令我们感到惊讶的是，对于环绕他的千万种声音，为什么孩子单挑人的声音进行模仿呢？因为人类的语言在孩子的潜意识心智中具有特殊的印象，从而引发出一种特殊的感情，使他的肌肉纤维产生一种共振，能够复制类似的声音，而其他的声音就不能引发这种行动。幼儿正是以这种方式来吸收语言的，这也是构成孩子心理人格的一部分。我们把儿童吸收的语言称为他的“母语”，来与他们日后下功夫学来的其他语言进行区别。这也可以说是一种内在的心理作用促成的化学变化。这种声音的刺激不仅会进入孩子的心智，还能通过复制变成孩子自身的一部分。我们将这种心智称为“有吸收力的心灵”。如果这种力量能够持续发挥作用的话，很难想象它的影响到底会有多大。

人类心理世界的发展同身体的发展是一样的，也会遵循相同的规律，从没有差别开始渐渐地发展到有差别。与人类的原始生殖细胞里没有人相类似，新生婴儿似乎也没有形成一种固定的心理个性。可以发现，最初人类的心理平台只是一种物质的堆砌，或者说只是一种细胞的组合。心理个性由我们所说的“有吸收力的心灵”来完成。在这个平台上，感觉的中心点周围逐渐依照一定的次序形成了心理器官。这个过程特别精密，我们根本不可能重现这个过程。这个过程隐藏在儿童学习语言的过程中。这些感觉能力不是心理本身产生的，而是由人体内的器官产生的。这里的每个器官都在各自独立地发展。比如，语言发展的时候，对距离的判断能力、认知的能力以及两条腿的平衡等协调能力也都在独立地发展。这些能力各具特色，而且感觉类型特别活跃，能够让人类完成各种各样的动作。不过，这些感觉类型不会存在于整个发展过程中。在心理器官形成之后，这些感觉类型都消失了，而在形成的过程中，它们能为我们提供强大的能量。在器官长成之后，我们已经记不起自己曾经有过的感觉类型了。当所有的器官都长成了，它们就会共同形成一个完整的心理组合。

## 适应环境的器官发展

事实上，在自然界中，我们也常常会遇到这样的例子，器官的形态同它们所负责的工作有一定的联系，即便有些器官没有对动物本身起多少真正的作用。靠吸食花蜜为生的昆虫都长着长长的嘴，这样便于它们从花冠中吸取花蜜。它们还会长出与众不同的表皮，这种表皮对它们采食花蜜起不到什么作用，但是却可以为这些花施加养分，以便它们能够再一次采食花蜜。食蚁动物的嘴特别小，只有它们那细长的舌头能够通过，而一种有黏性的物质就覆盖在这些细长舌头的外表，并对粘食蚂蚁有一定的帮助。

为什么动物的行为方式会这样有限呢？

为什么有的动物爬行，有的动物善于跳跃，而有的动物能够攀缘呢？

为什么有些动物吃蚂蚁，而有些动物却吃花朵呢？

为什么有的动物吃活物，而有的动物只吃腐肉呢？

为什么有些动物吃草，有些动物却吃木头呢？

为什么有些动物只能穿行在土壤的腐殖质中呢？世界上有这么多的物种，到底是什么原因呢？

为什么每个物种都有着自身固定的、跟其他物种完全不一样的行为模式呢？

为什么有些动物凶残而又具有进攻性，而有些动物却温和而驯良呢？

生物在这个世界上生存的目的或许不只是像达尔文在进化论中所说的那样，只为了生存和从周围环境中获益。生命的力量似乎不只是一个使生命形态不断得以完善的过程。完善本身好像并不是生命的真正目的。

可以说，这对我们的观点是一种巨大的冲击。根据这个理论，生命的目的看起来同环境的要求有着更大的关系。也可以说，生命或许是造物的一种手段，而每一种生命都有它特定的任务，就像是一个大家庭中的仆人或者是工厂中的雇员。地球表面的自然和谐是在无数生命的共同努力下实现的，每种生命都有着自身的任务。这就是我们在观察中得到的行为模式。生物行为的意义不只是满足自身的需要。

如果这个理论成立，立足于科学界那么长时间的进化理论又将会怎样呢？难道它会走向没落吗？并不是这样的，它只是得到了一定的发展而已。当然，进化论的观点已经无法停留于旧有的“逐步进化、永臻完善”的形式上了。现在，研究物种进化的视野应当更宽阔，也应当延伸到各个边缘的领域。它应当包含着某些功能上的关系，这些关系或远或近，会把不同形态的生命活动联系在一起。

这些联系不应当被认为只是简单的互助的例证，而应当被理解为同整个世界的环境相关的最终目的，从而达到自然的某种统一。当自然形成了某种统一，所有的生物都能够获得它们生存所需要的因素。

我们将婴儿的这种从周围环境中学习、吸收知识的创造性能力比作天体中的星云。天体中星云之间的距离非常遥远，几乎到了没有密度的程度。但从遥远的星体看去，它们却具有一定的密度。

·3·

## 星云式思维

很显然，在出生后的最初几天，发生了一件非常重要的事情。在与哺乳动物的遗传行为的觉醒进行比较时，我们推测婴儿身上也可能有类似的情况发生。因为婴儿虽然不像其他动物那样有遗传的行为模式可以遵循，但他们却拥有形成这种行为模式的潜在本能。这种本能能够通过他们对周围环境的学习和吸收发挥出来。

由此，我们提出了“星云”的概念。我们将婴儿的这种从周围环境中学习、吸收知识的创造性能力比作天体中的星云。天体中星云之间的距离非常遥远，几乎到了没有密度的程度。但从遥远的星体看去，它们却具有一定的密度。

与之相比，儿童从语言星云中获得了接受刺激、学习语言的能力。这种语言不是儿童天生就会的，而是儿童在一定规律的支配下，通过与周围环境的接触逐渐学习、吸收的。在这种星云式能力的作用下，儿童在学习语言时可以区别不同语言的发声，逐渐学会使用语言。而且，儿童以同样的方式学习、吸收社会习俗和传统习惯，使自己融入他们所生活的社会。

语言星云并不决定儿童要学习哪种语言，但可以帮助他们学习出生后生活环境中的语言。所以，在不同国家和地区，儿童学习语言的时间和过程几乎相同。

由于遗传的作用——

- 刚出生的动物很快就可以发出能够让同伴理解的声音（动物的语言）。
- 人类在出生后，却需要很长时间才能从周围环境中学会语言。

这是人与动物的本质区别。如果一个荷兰儿童在意大利长大，不管他的祖辈曾在荷兰生活了多长时间，他会说的语言都是意大利语，而不是荷兰语。

显而易见，儿童并没有遗传某种语言模式，而是遗传了在潜意识中吸收、学习语言的能力。这种潜能就像生殖细胞中的基因，可以精确地控制细胞长成一个精密而复杂的器官，这就是我们所说的语言星云。

同样地，与儿童对周围环境的适应能力有关的星云及其行为模式，也并不受到父辈行为模式的遗传影响。我们现在的文明程度也不是靠遗传而来的，但遗传却赋予了儿童在出生之后按照特定模式从周围环境中吸收、学习的能力。这对于儿童在其他方面的学习来说同样适用。卡雷尔[1]这样写道："科学家的儿子不会通过遗传得到父亲的知识，如果他们被弃于一个荒岛，他们就可能会像穴居的克鲁马努人一样生活。"

读到这里，可能很多读者会有疑问："各种具有不同能力的星云是不是都是各自独立的，并非一个整体？"在这里我要澄清一下我的观点，我们所谈到的星云仅仅是一个比喻。大脑的工作

1　卡雷尔，法国实验生物学家、医生。他为进一步研究血管和器官的移植奠定了基础。

模式与天体的运行是完全不同的。对于我们来说，人的心理是一个动态的整体，通过从周围环境中主动吸收知识来完善自身的结构。心理活动由一种神秘的力量——有目的的行动——指导，这与星云的运行是完全不同的。

婴儿要根据自己的见闻来塑造自我，这些看到的和听到的东西会成为儿童个性的重要影响因素。这种无意识的和具有吸收力的记忆类型被帕西·纳恩先生称为“记忆基质”。

·4·

# 记忆基质

## 婴儿时期的记忆基质

成长中的婴儿不但具有学习的能力，能学会像成人那样运用力量、智慧和语言等，还具有根据周围环境塑造自己性格的能力。婴儿具有一种与成人完全不同的心理状态，他们同周围环境的关系也与我们同周围环境的关系不一样。成人可以记住环境中的东西并加以思考，婴儿则对环境进行吸收。婴儿不仅能记住周围的事物，还能将这些事物转化为心灵的一部分。成年人对所见所闻可能无动于衷，但婴儿要根据自己的见闻来塑造自我，这些看到的和听到的东西会成为儿童个性的重要影响因素。这种无意识的和具有吸收力的记忆类型被帕西·纳恩先生称为“记忆基质”。

其中，儿童的语言学习就是一个典型的例子。儿童在学习语言时，不是记住了如何发音，而是形成了发音的能力，并将其充分发挥出来。儿童讲话时所遵循的语言规则和特殊用法，并不是由学习或记忆得来的，他们可能从来都没有对语言进行过有意识的记忆，语言是作为他们生活的一部分被他们吸收的。

毫无疑问，我们现在所讨论的问题与记忆完全无关，却是儿童思维最重要的部分。儿童具有一种特殊的敏感性，能够帮助他们学习周围的知识。他们的观察能力和吸收能力，使他们能够逐步适应周围的环境。在童年这个特定阶段，儿童是在无意识中完成这一系列过程的。

通过研究儿童的这种特殊心理能力，我们可以了解婴儿是如何吸收出生地的传统和习俗，成为一名具有时代特征的“当地人”的。适应当地的行为方式也是一个人在童年时期完成的。没有人天生就能适应某一地区的习俗，这些都是后天养成的。由此，我们对儿童的行为有了一个更全面的了解。儿童的行为发展不但能够适应时代和地域的要求，也能够适应出生地的风俗习惯。

印度人对生命非常尊重，甚至对动物也是如此。对于成人来说，我们无法拥有这样虔诚的感情，仅仅说“生命应该被尊重”这样的话是不会使我们像印度人一样尊重动物的。我们可能会认为印度人的观念是正确的，我们应该尊重动物，但这对于我们来说仅仅是一个判断而已，并不能激起我们内心的情感。比如，印度人对牛的感情是欧洲人永远也无法体会的。即使内心挣扎，印度人也不会改变自己对动物的感情，这在他们的心中早已根深蒂固。印度人的这种心理表现看起来好像来自遗传，但事实上这是他们在婴儿时期从周围环境中获得的。在我们的学校边上，我曾看到这样一个有趣的例子：

一天，一个2岁多的印度小孩蹲在一个花园里，他好像正在用手指画着横线。我走过去，想看看他到底在干什么。我发现在孩子手指下有一只少了两条腿的蚂蚁正在艰难地爬行着，那个孩子正在用手指帮助蚂蚁爬行。

很多人都会认为这个印度小孩是受到了遗传的影响，才会这么喜爱动物。在这个问题上，出生在宗教信仰不同的国家中的孩子可能会拥有不同的态度，有的孩子可能会上前去踩死蚂蚁，有的孩子可能会毫不在意地走开。那些对动物没有感情、认为动物不能与人相提并论的人，可能会原谅这些行为。关于这一点我们可以说："是否拥有对动物的热爱和尊敬的情感，取决于人。"

TIPS：

每个国家都有不同的宗教信仰，在他人批判传统（即使批判的是陈旧的传统）的时候，人们都会感到强烈的不安。因为这种情感和信仰已经成为他们身体不可分割的一部分。用一句欧洲的名言来形容就是："它流淌在我们的血液里。"

社会习俗和道德习惯是一个人个性等各种情感形成的基础。拥有了这种特殊情感，我们才会成为一个典型的印度人、意大利人或英国人。这种情感是我们在婴儿时期由一种被称为"记忆基质"的神秘精神力量影响而形成的。

这个结论也适用于人的习惯性动作、神态、步态等。这些方面在不同的种族之间具有不同的特征。一些非洲人就具有追捕猛兽的特殊心理倾向，而另一些非洲人则努力锻炼自己的听觉以逃避猛兽，这些人的听觉都异常敏锐。儿童由心灵吸收得来的具有个性的内容会永久存留在自己的头脑之中，虽然这些具有个性的内容以后会因为某种原因不再使用，但在潜意识里它们仍然存在。因为人在婴儿时期形成的东西是无法完全清除的，会永远留存下来，成为我们个性的一部分。

记忆基质（我们可以把它视为一种超记忆形式）不但可以创造个体的特性，而且可以将这些特性以极具生命力的形式保存在体内。成人在儿童时期所学习的东西，也会在他们的肢体和器官上打下永久的烙印。任何想改变成人的努力都将是徒劳的。当我们说“这个人没有教养”或“那个人举止散漫”时，我们很容易就能刺痛这个人的心，或者令他感到耻辱，同时也能让他意识到自己的问题所在，但是他却无法根本性地改掉这些缺点，因为在他身上这些缺点早就根深蒂固了。

我们也可以由此来解释人们对所处时代的适应。生活在古代的人是不能理解现代人的生活的。儿童能够很快地适应其所降生的时代的文明程度。不管他们生活的世界文明程度是高是低，他们都能够把自己变成一个与这种文明相协调的人。这说明，在人类社会，婴儿期对个体发展的真正功能就是使我们具有适应性。我们要让自己建立起一套行为模式，以便使自己能自由地融入这个世界，进而影响这个世界。

## 婴儿期是习得传统的重要时期

今天，我们必须要把儿童视为联系不同历史时代和不同文明程度的纽带。婴儿期是一个非常重要的时期，因为如果我们想引入新思想、改变风俗习惯、为社会注入新的活力，我们就必须以儿童为“工具”，成人是无法完成这一任务的。如果我们真的想广泛传播文明的火种，就必须求助儿童来完成这一使命。

一个英国驻印外交官曾经意识到了这个问题。在英国即将结束对印度的殖民统治时，外交官常让家中的印度保姆带着他的两个孩子到一家印度餐馆吃手抓饭。他这样做就是想让孩子在没有歧视的环境中长大。印度人这一独特的吃饭方式也激起了很多欧洲人的兴趣。

这些日常生活的差异以及由此产生的敌对情绪是人类之间产生冲突的主要原因。当然，如果想恢复旧有的传统，我们也要借助儿童。

我们可以通过影响儿童来影响社会的进程。由此，我们必须要重视儿童的成长环境。要想通过教育影响儿童，必须以环境为载体，因为儿童会对他们所处的环境进行吸收和学习，并以此为基础形成自己的个性。儿童可以成为历史和未来的纽带，也可以成为创造者，给我们带来新的希望和观念的变革。

孩子那口流畅的语言并不是遗传的，既不源于父亲，也不源于母亲，而是孩子自己学会的——孩子利用环境中的各种资源，来塑造自己的未来。

·5·

# 儿童成长的内部力量

## 婴儿具有心理生命

从婴儿的有意识活动和潜意识活动中，我们都可以发现他们已经拥有心理活动。即使我们仅仅运用较为浅显、基础的概念来分析婴儿的心理生活，我们也必须承认：

> 婴儿具有一种本能，这种本能不光作用在他们的身体发育和营养获得方面，对他们的心理发展也具有重要作用。这种本能在动物身上也能找到，我们将其视为动物所属物种

的属性。

如果婴儿刚一出生就已经拥有心理生命，那说明他们在出生前就已经开始进行心理活动了，否则他们是不可能在一出生就进行心理活动的。事实上，婴儿的心理生命在胚胎时期就已经存在了。

当这个观点被大家接受之后，另一个争论出现了，那就是胚胎到底是在什么时候开始有心理生命的？因为我们都知道，一个刚足7个月的早产儿就可以健康地活下来了。这说明胚胎的心理生命在7个月的时候就已经开始活动了。

所有的生物（包括低等动物）都具有一定的心理能力和某种特定的心理生命。如果我们观察单细胞生物会发现，它们同样具有感知能力，会远离危险，找寻食物。

婴儿要为以后社会生活的展开做好准备，就要在出生之后适应自己生活的社会。婴儿不是在出生时就具有这些能力的，而是在出生之后逐渐形成的。婴儿出生之后最重要的工作就是适应，因为他们不像其他动物那样具有某种类型的天赋本能。

婴儿在身体还远没有发育成熟的时候就开始不断地完善自己，直到他们完全成为一个成熟的人，拥有成熟的能力。他们不像刚出生的动物那样具有一定的天赋本能，能马上适应周围的环境。婴儿在出生后的一段时间里，还会继续胚胎时的生活状态。但是，在此过程中，他们将会完成一系列人类能力的发展。

既然婴儿不像其他动物那样拥有一定的天赋本能，他们就不得不靠自己，构建自己的心灵生活，建立自己对外信息的传递机制。

婴儿这个弱小的生命，甚至在他们还不能支持自己脑袋的重量时，就已经开始了一个重要的旅程。先学会站立，再学会走路，婴儿逐渐把自己融入自己生活的世界中。

## 儿童塑造自己的未来

我们的新观念把生命看作一切生物功能的中心，同时改变了以往的教育观念。学校不再是一个被分隔出来的世界，孩子也不应该受到过度的保护而同外面的世界隔绝开来。很多心理学家都对幼小的儿童进行了研究，他们从儿童出生的第一年就开始进行观察，结果发现人格的建构与塑造就从这个时候开始。

从心理层面来看，一个人在出生的时候确实一无所有，可以说一切都是从零开始的！婴儿出生时，身体几乎是“瘫痪”的，什么事情都不能做。过了一段时间之后，孩子才开始说话、走路，然后克服一关又一关的成长困难，最终依靠智慧和力量把自己塑造成为“人”。存在于孩子身上的巨大内部力量吸引着我去进行研究，同时它也引起了其他科学家的注意。

这种内部力量隐藏在妈妈的庇护之下，通常人们会认为孩子说话、走路是妈妈教出来的，其实并不是这样的，而是孩子自然地学会的。妈妈只是生下了一个小婴儿，而这个小婴儿把自己建构成了“人”。即使是孩子的“母语”，也不一定就是从妈妈那里学来的，因为有的孩子在国外出生，他能够把当地俚话讲得十分流利，可能他的爸爸妈妈还没他讲得地道呢。因此，孩子那口流畅的语言并不是遗传的，既不源于父亲，也不源于母亲，而是孩子自己学会的——孩子利用环境中的各种资源，来塑造自己的未来。

## 成长的不同阶段

一些心理学家对孩子进行了从出生一直到大学的追踪研究。他们发现，这些孩子的发展过程包括一些相当不同而且各具特色的阶段，令人惊讶的是，它们与生理发展阶段相互呼应。对于这种阶段性的发展变化，有些心理学家是这样描述的："成长是一连串的出生。"

第一个阶段是从出生到6岁。

这中间孩子可能会产生一些变化，但他的心智形态从始至终是一样的。这个阶段又可分为两个小阶段：0～3岁、3～6岁。

在第一个小阶段，儿童的心智形态是成人无法介入、无法产生影响的。

在第二个小阶段，儿童的心智形态是成人可以介入的，但必须以某种特别的方式进行。

在整个大阶段中，孩子发展的特点是他们会产生很大的变化，从弱小的婴儿变成能跑能跳、会说会唱的孩子。

第二阶段是从6～12岁。

6岁时，孩子比较成熟，可以上学了。6岁是一个新纪元，它也对应着生理的变化。比如这时候孩子一般都开始换乳牙了。从6岁到12岁这个阶段，孩子只是单纯地长大，变化不是很大。一般而言，其特点是显得非常平静和听话。

第三个阶段是从12～18岁。

这又是一个大的转换时期，其间孩子在生理和心理两方面都会发生很大的变化。似乎世界各国都有一个普遍的共识，就是孩子到了12岁就应该进入层次更高的学校，这样才符合他新的心智水平。到了第三个阶段，孩子的个性会变得很不稳定，表现得极为叛逆和不羁。可是传统学校并不重视这些，只顾按照课表给学生上课，用体罚来惩罚他们的叛逆。到了18岁，他们可能进入大学继续学习，而在学习方法上却并没有太大的差别，因为他们大多数时间里都是以坐在教室中听讲的方式来获取学位，这种灌输式的学习是否能够使孩子学以致用非常令人怀疑。

虽然在这一阶段，孩子的生理已经达到成熟，可由于他们只是一直进行着多年的读书、听讲，所以不可能成为具有独立判断和自由意志的成人。实际上，只有工作实践和经验才能够帮他们真正成熟起来。如果你在纽约的街头看到知识分子在游行，他们高喊着口号："我们没有工作！我们正饿肚子！"你可能会觉得这是一种对社会的控诉，虽然社会已经为他们的教育投入了很多。

# 本章小结

## 蒙氏养育观点

孩子的发展过程包括一些相当不同而且各具特色的阶段，它们与生理发展阶段相互呼应。

婴儿在出生那一刻完成了生命的一次飞跃，进入了第二个胚胎期，这是他们生命新旅程的起点。新生儿在这一特殊的成长时期所要经历的活动都是极具创造性和构建性的，所以在某种意义上我们可以将之称为“心灵胚胎”。

婴儿出生时，身体几乎是“瘫痪”的，什么事情都不能做。有一种内在的力量启动了新生儿原本可以自主的身体。这个力量一启动，新生儿的手脚就开始运动起来了，还会开始学习说话。然后，克服一关又一关的成长困难，最终依靠自己的智慧和力量把自己塑造成为“人”。

在婴儿弱小的身体中，有着比其他动物更加复杂的独特机制。人都是独立的个体，每个人所具有的独特意志让他能够完成自身的具体转化，并向前迈进。音乐家、艺术家、运动员、君王、英雄、罪犯、圣人在同样的方式下出生，但是他们都带着自己的发展之谜来到了这个世界上，而激发着每一个人去做不同事情的正是个性的发展。

□ 妈妈只是生下了一个小婴儿，而这个小婴儿把自己建构成了“人”。孩子利用环境中的各种资源，来塑造自己的未来。

□ 对于人类来说，成长不只是一种简单的发展，还是一种从无到有的创造。环境中的一些事物会引起孩子极大的兴趣，使其表现出一种贯穿整个生命的热诚，这就是潜意识的力量。

□ 儿童在一定规律的支配下，通过与周围环境的接触，逐渐学习、吸收。在这种星云式能力的作用下，儿童在学习语言时可以区别不同语言的发声，逐渐学会使用语言。而且，儿童以同样的方式学习、吸收社会习俗和传统习惯，使自己融入他们所生活的社会。

□ 成长中的婴儿不但具有学习的能力，能学会像成人那样运用力量、智慧和语言等，还具有根据周围环境塑造自己性格的能力。婴儿不仅能记住周围的事物，还能将这些事物转化为心灵的一部分，根据自己的见闻来塑造自我。

□ 我们必须要重视儿童的成长环境。要想通过教育影响儿童，必须以环境为载体，因为儿童会对他们所处的环境进行吸收和学习，并以此为基础形成自己的个性。

第 3 章

# 捕捉儿童敏感期

MONTESSORI BRINGING UP

YOUR 1 YEARS OLD

CHILD

婴儿期的弱小状态是孕育人们独特个性的沃土。在与外界环境接触的过程中，他们会积极激发自己的意志，锻炼各种能力。因此，在某种意义上，儿童是自己的造物主。

·1·

## 婴儿成长的奥秘

孩子刚出生时没有任何行为能力，可以说几乎是“瘫痪”的，他们借助练习慢慢学会了走路、跑步和像其他动物一样攀爬，但这都必须靠他们自己去努力。

各种动物的生命发展都遵循着同一个建构计划。很多动物早期的胚胎好像都很相似，比如人、兔子和蜥蜴。这是非常有意义的。脊椎动物的发育都有类似的历程。只是等到胚胎的发育完成了，它们的差别就比较大了。有一点是可以肯定的，那就是，新生儿是一个心灵的胚胎，每个孩子在出生时都是相似的。

因此，在心灵胚胎的成长和心灵的成形时期，孩子都需要同样的对待和教育。不管将来会成为什么样的人，天才或者苦力、圣贤或者罪犯，他们都要走过一段相同的发展路程。也就是说，孩子生命最初几年的教育应该是相似的，应该由自然的本性来表达。

## 自然界的“隐秘指令”

每个个体都有内在的个性和自我，其发展是自然而然的，不为我们所左右，我们只能辅助一个人去实现他自己，为他排除生长过程中阻碍自我实现的事物。我们已经知道敏感点的存在，而器官正是围绕着敏感点逐渐形成的，循环与神经系统也会随之出现，来实现联结与整合。

我们能够在牛的身上发现这样的例子。牛是一种健壮有力的动物，在世界地质学的历史上，我们能够追溯它的演进过程。当地球被植物所覆盖时，牛就出现在了地球上。有人可能会问，为什么牛要选择最难消化的草作为食物，并且为此发展出4个胃呢？如果这只是为了生存下去，它们吃别的东西或许更容易些，因为其他食物数量也很多。数千年已经过去，牛仍然只吃草。用心观察的话，你会发现牛是在靠近草根的地方把草咬断，并不是把草连根拔起，它们似乎知道草需要经过这样的修剪才能使地下的茎长得好，否则很快就会开花、结籽，然后枯死。人们还发现，草是非常重要的，因为它能够防止水土流失，它不仅可以稳固和保护土壤，而且还能使土壤肥沃，让它适合植物的生长。这都显示出草在自然界中的重要性。除了啮咬之外，还有两件工作对维护草非常重要，一件是施肥，另一件是被重物滚或压。有什么农业机器能把这三种工作做得比牛还要好呢？这种美妙的“机器”除了帮助草生长、维护土壤之外，还能生产牛奶。因而，牛的行为好像就是为了自然的目的而设计的，就像乌鸦和秃鹰是为了其他工作而设计的一样。这些动物可以说是自然界的清道夫。

从各种各样动物选择食物的例子中，我们可以得出结论：

> 动物吃东西不仅是为了满足自身的需要，而且还是为了完成一种使命；不论是生物还是非生物，是自然界中所有的成员的共同合作，才有了整个造物体系的和谐。

有些生物吃东西非常没有规律，它们不只是为了维系生命而吃。可以说，这些生物不是为活着而吃，而它们活着的意义却在于“吃”。比如蚯蚓，每天吃下的泥土量大得惊人，几乎是它们身体容量的200倍。达尔文第一个提出，如果没有蚯蚓的存在，地球可能就不会这样肥沃。

我们所熟知的蜜蜂传播花粉是另外一个例子。从行为主义的角度来看，动物牺牲自己而为其他生命的生存效力，它们不仅是为了自己而生存。类似的情况在海洋中也能够发现，有一些单细胞生物的功能就像过滤器一样，可以除去水中某些有毒的盐分，为了实现这种功能，它们要喝下大量的水。如果人按照这样的比例来喝水，每分钟大约要喝1加仑。动物本身并不知道它们的生存同地球生态之间的关系，但是更高层次的生命、地球表面的土壤、空气和水的净化都依赖于它们。

从中我们会清楚地看到，自然界仿佛存在一个既定的建构计划，它像一个“隐秘指令”，动物器官的完成，甚至它们生命的目的，都是为了服从命令和完成计划。隐秘指令让一切造物和谐地存在并且创造出一个更加美好的世界。这个世界并不是为了我们的享受而创造的，而我们的存在却是为了这个世界的发展和演化。

## 孩子具有无可比拟的发展能力

当我们对人类进行研究并将其与其他动物进行比较时，会发现人类与其他动物的确有很多不同之处。其中主要的一点是人类不具有特殊的运动方式，或者不具有特定的栖息地。

在所有的动物中——

- 人最能够适应各种气候，热带或极地，沙漠或森林。
- 人可以自由自在地去他想去的地方。
- 人可以进行多样化的运动，而且能够用自己的双手做事。对人来说，好像没有什么是做不到的，相当自由。
- 人拥有最多种的语言。
- 人可以走、跑、跳、爬；可以像鱼一样游泳；可以从事充满美感的运动，比如跳舞。

这些都是其他动物做不到的。可是，当人类的孩子出生时，却没有一样能力在他们身上体现出来，他们需要从幼年开始一项一项地学习。

人类的孩子不仅会获得人类所有的能力，远远超过其他动物，而且还能够调整自己从而适应他所要面临的气候、生活环境以及文明社会中种种日益复杂的要求。自然界把这种工作只交付给儿童来完成，成人已经无法轻易适应。成人仿佛永远难以精通外国语言的腔调，即使这种语言要比他自己的母语简单很多。成人或许喜欢某个环境，但只能将它置于记忆中，而孩子却不知不觉地把它吸收了，并使其构成自己心灵的一部分。孩子就是这样把所听到的、所看到的融入其中，变成自己所拥有的东西，甚至成为自身的一部分。学习语言的过程是个典型的例子。这种记忆与吸收的任务就是为个体构建一种行为，使其不仅能够适应他所属的时间和空间，也适应这个社会的精神意识。成人常常发现自己带着感情和偏见，特别是在宗教方面，有些人觉得用客观理性来判断应该拒绝，可实际上他们却很难摆脱，因为那已经成为他们的一部分，已经融入他们的血脉。

如果我们要改变某个国家的风俗习惯，或希望加强某个民族的某种性格，我们必须把孩子作为突破口，从他们小时候就开始行动。因为能够在成人身上做的事情是非常有限的，所以如果想改变一个国家或者一个民族，不管是要变好还是要变坏，抑或要唤醒宗教意识或者提升文化品位，我们都必须仰仗孩子，只有他们才拥有无可比拟的能力。

## 儿童是自己的造物主

婴儿在很长时间里都处于弱小无力的状态，而其他哺乳动物几乎在一出生或很短的时间内就能够站立、行走、寻找母亲，并且学会了同伴的语言。尽管它们的语言发展并不完善，只能表达出某种情感，比如出生不久的小羊羔能发出怯懦的咩咩声，小马驹能发出低沉的呜呜声……但是，尽管这些幼崽具有发声的能力，但它们似乎更愿意保持缄默。实际上，这个世界也没有由于幼崽的哭闹而变得过分喧嚣。

这些幼崽的成长也毫不费劲儿，它们的身体本身就拥有一种决定它们以后行为的本能。我们已经了解刚出生的小老虎是怎样一跳一跃的，一只还无法用四肢站稳的小羊羔是怎样蹦蹦跳跳的……所有生命甫一出生都拥有一种本能，这决定了它们拥有的生理器官的功能。并且这种本能会在它们的活动中表现出来，比它们自身的身体发育更为稳定，更能体现它们所属种群的特性。

在动物界，比身体发育这一功能更高一级的所有特征都可以被视为心理特征。我们既然可以在刚出生的动物身上发现这些特征，为什么就不能在婴儿身上找到呢？

有一种理论认为：动物的本能是从远古时代开始的，是物种将经验一代一代地流传、累积下来的结果。可是，为什么只有人类是如此缓慢地接受祖先流传下来的经验呢？人类长期拥有直立行走和说话的能力，并且时刻愿意为后代提供帮助。因此，一种观点认为：人类的心理生活比其他生物更为丰富，人类是唯一在心理方面不需要按照特点、模式发展的生物。显然，这种观点是愚蠢的。

在这种显而易见的矛盾背后隐含了某个真理。人类的心理被深藏起来，儿童的发展无法像其他动物那样受固定的、预定的本能束缚，并完全表露出来。这一事实表明，儿童天生拥有更广阔、更自由的活动空间。关于这个问题，也许我们还是可以通过人们生产物品的不同方式来说明。我们知道生产物品有机器批量生产和手工制作两种方式。许多产品是由机器批量、高速生产出来的，这些产品往往具有固定的样式。而另一些产品则是手工制作出来的。这个生产过程比较缓慢，而且产品无法做到完全一样。手工制作的价值就在于每一件作品都蕴含了生产者精心打磨的痕迹，比如，一件手工绣品就体现了刺绣者的工艺，而一件艺术品则体现了大师的杰出创意。

我们把这一对比引入生物学范畴，恰如前文所述，人与动物的差别就在于：

> 动物是“批量生产的物品”，个体之间具有相同的物种属性。
>
> 人类则是“手工制作的物品”，每个人就像是一件艺术品，具有与众不同的特征，但这个过程需要耗费更多的心力。在“成品”没有问世之前，必须经历特殊的工作过程。这个过程不是简单地复制现有成品，而是一个积极的变革、创造过程。

儿童这个“产品”就如同一幅杰出的作品一样，倾注了艺术家的思想与情感，在它被公之于众之前，一直被深藏在艺术家的画室里，而等到它最终在公众面前展示时，会让人们感到震惊和不可思议。

人个性的形成是实质化的一项秘密工作。儿童就像一个未解之谜，我们知道他们拥有极为丰富的潜能，但是我们却对他们未来的发展一无所知，他们只有遵照自己的意愿才能实现实质化。

人们通常所说的“肉体”是一个复合体，它是指由意志所控制的肌肉。缺少了与人类精神紧密相关的肉体，人的意志也是无计可施的。如果没有肌肉作为运动的媒介，那么所有生物，包括最低等的昆虫，也是无法运动的。高等生物的肌肉，尤其是人类的肌肉，是复杂多样的。解剖学家甚至曾说过：“每一位学生要研究7遍后，才能初步了解肌肉。”

最复杂的活动必须要在各类肌肉的相互配合中完成。在这个过程中，一些肌肉处于主动状态，一些则处于被动状态，它们时而协调工作，时而互相排斥。当出现某种抑制状态时，某种具有驱动力、能调整这种抑制的状态也会随之出现。大量肌肉相互协作，才能完成最复杂的活动，如杂技演员的精妙演出、小提琴手的细致演奏等都是如此。每一个新动作以及调整动作都需要所有相关肌肉的参与，并在所有机体组成部分的协调下才能完成，而我们的动作也在此过程中逐渐发展完善。

但是，人们却从不相信人类具有这种本能。而能够引领人类发展的却恰恰就是隐藏在儿童身上的这种个体能量。儿童的心理生活具有独立性、先行性，它能够激发其他外部的活动。

显而易见，仅仅由于婴儿无法站立或自然、协调地运动，就认定他们的肌肉软弱无力的观点是错误的。一个刚刚降生的婴儿在移动四肢时显示了其肌肉的力量。吸吮和吞咽都是复杂的活动，需要大量肌肉相互配合完成。刚刚出生的婴儿也能像其他动物的幼崽那样完成这些活动，只是婴儿在其他的活动中没有受到本能的束缚。对于婴儿发展来说，本能所支配的活动并不占主导地位。他们的肌肉在变得越来越有力量的同时，也需要意志来支配和指挥。儿童不仅是人类的成员，他们也体现了人的发展状态。我们都知道，儿童具有说话和直立行走的能力，但是他们也会展现出自己独特的个性。

当那些小动物还是幼崽的时候，我们就已经清楚地知道它们长大后会是什么样子，比如羚羊的腿会变得灵活、敏捷，大象的步伐将是笨重的，老虎会变得勇猛，而兔子则会成为胆小的食草动物……但是婴儿长大后却是千差万别的。实际上，婴儿期的弱小状态是孕育人们独特个性的沃土。幼儿含糊的发音会逐渐变成一门语言，尽管当时还不知是什么语言。他们将努力关注周围的人，模仿自己听到的声音，开始时是音节，然后是单词，再逐渐学会说话。在与外界环境接触的过程中，他们会积极激发自己的意志，锻炼各种能力。因此，在某种意义上，儿童是自己的造物主。

儿童在敏感期拥有一种特殊的内在活力，能够以惊人的方式自然而然地吸收和学习。一种热情耗尽之后，另一种热情随之燃起。在这种节奏的支配下，儿童不断地去征服世界，这一切使他们感到十分幸福、满足。

·2·

## 儿童敏感期的发展

大自然赋予人们的第一个本能是与秩序有关的敏感性，这就像大自然给了人类一个指南针，让人类学会去适应世界一样。人的智力不是从天而降的，而是建立在敏感期的基础上的。

儿童在敏感期拥有一种特殊的内在活力，能够以惊人的方式自然而然地吸收和学习。当儿童的敏感性受到外界的干扰和阻碍时，他们就会产生抑郁或愤怒的情绪。

儿童的心理发展是秘密进行的。早在父母注意到之前，小婴儿的感知觉就已经开始带动着心理悄悄发展了。比如，孩子的说话能力的发展就是秘密进行的。看到孩子还没有开口说话，有些人就认为孩子的说话能力没有发展，这种观点是错误的。还有些人虽然认为孩子天生具有说话能力，但他们的身体器官还发育得不够成熟，无法适当地表现出这种能力，这种观点也是错误的。事实上，一个正常的婴儿，从出生起就拥有语言能力，他在其他各个方面也都存在着这样的能力。这种能力是一种创造性的本能，也是一种积极的潜能，它与儿童所处的环境一起构建起儿童的精神世界。

## 发展的敏感期

当我们讲到儿童的生长发育时，一般指的是我们从外表可以观察到的变化。而儿童的这种秘密进行的发展，我们在荷兰科学家德弗利斯所研究的动物的敏感期中找到了答案。

敏感期发生在生物的初期发育阶段。它们会在一段时期内在某些方面表现出一种特殊的敏感性。敏感期具有短暂易逝的特征，并且只在为了获得某种特性时表现出来，生物体一旦获得了这种特性，敏感性就会消失。

儿童在敏感期所具有的特性与成长不同，这种特性是借助短暂的刺激和潜力获得的，而成长源于悉心的引导。

德弗利斯在研究昆虫时发现了昆虫的敏感期，他观察到了一个有趣的现象：

一只普通的毛毛虫，其幼虫食欲非常旺盛、食量很大，甚至具有吃掉整棵植物的能力，但在刚出生的几天里，它只能靠吃枝头的嫩芽为生。雌性蝴蝶出于母性的本能，会把卵产在树干与树枝交接的角落里，因为那里既安全又隐蔽。但是这里离有嫩芽的枝头却有一段距离。当幼虫孵化后，是什么引导它爬向枝头寻找嫩芽呢？是光线！它对光非常敏感，跟着光线朝树梢爬去，向那个最亮的地方爬去。在那里，幼虫找到了赖以为生的食物。

一个值得注意的事实是：一旦幼虫长大到能够吃粗糙的食物时，它对光的敏感性就消失了，它的眼睛就再也不能感受到特别的光线了，敏感性一去不复返。此时，长大的幼虫也会相应地开始学习其他谋生方法和生活经验。这并不是因为幼虫的眼睛看不见了，而是它的眼睛对光线不再敏感了。

同样是这只毛毛虫，它在成蛹之前对吃非常贪婪，某一天却突然不吃不喝起来。在严格的禁食中，它为自己织蛹并将自己包裹起来，看起来就像死了一样。而实际上，它却在紧张忙碌着。当它破茧而出的时候，它已经变成蝴蝶，迷人的双翅会在阳光下熠熠生辉。

蜜蜂也要经历这个阶段。在最初的时候，所有的雌幼虫都有可能会成为蜂王，但每个蜂群只能有一只雌性幼虫成为蜂王。公蜂会为这只雌性幼虫准备一种特殊食料，幼虫吃了这种美味的食料后，就会成为这个蜂群中的蜂王。但是如果这只幼虫在被选出时已经过了幼虫期，它就不可能成为蜂王。因为只有在幼虫期，雌性幼虫才会对食物有极度贪婪的欲望，它的身体才能长得像蜂王那样硕大，过了幼虫期就不再可能了。

儿童敏感期也具有同样的特征。儿童在敏感期拥有一种极具创造性的本能。这种本能对儿童的影响力非常惊人，如果这种本能受到了破坏，就有可能使儿童变得体弱、缺少活力。虽然成人对儿童的敏感期没有直接的影响，但是如果儿童在其敏感期没有按照敏感性的“指挥”行事，他们就会永远失去这种天赋的力量。

## 敏感性是儿童心理发展的“钥匙”

儿童在心理发展的过程中，表现出了惊人的能力，但是由于我们对此抱着习以为常的态度，使我们总是对这些发生在儿童身上的“奇迹”熟视无睹。

新生儿就像一张白纸一样，他是怎样适应这个复杂世界的呢？他是怎样认识事物的呢？他是凭借着一种什么样的手段，怎样无师自通地掌握一门语言的呢？

与儿童相比，一个成年人要适应新的环境时需要不断地获得帮助，在学会一门新语言时也永远无法像儿童学习母语那样完美地掌握。

儿童在敏感期能够学会自我调节，并通过自我调节去掌握某种本领。这就像一束光照进了他们的内心深处，电池给机器源源不断地提供电能一样。正是这种在敏感期所具有的特性，使儿童对一切都充满了热情和动力，他们能轻松地掌握各种本领，他们所做的每一次努力都使自己的能力大大增强。当一个目标达到时，他们才会失去兴趣和活力。

儿童以这种独特、强烈的方式与外部世界建立起了联系。

儿童在敏感期拥有一种特殊的内在活力，能够以惊人的方式自然而然地吸收和学习。一种热情耗尽之后，另一种热情随之燃起。在这种节奏的支配下，儿童不断地去征服世界，这一切使他们感到十分幸福、满足。当敏感期结束后，人们心智上的发展只能通过思考、努力和研究才能实现。人们会对繁重的工作产生疲劳和厌倦情绪，而处于敏感期的儿童却总是孜孜不倦地工作。这正是敏感期儿童与成人心理状态的本质区别。

## 敏感期与环境

儿童心理的发展不是偶然发生的，也不是外部刺激所引起的，而是受短暂的敏感性本能引导而发展的。虽然儿童的心理发展是在一定的外界环境中进行的，但外界环境只是心理发展的场所，而不是原因。就像食物和空气是身体发展的必要条件一样，外界环境也仅仅为心理发展提供了必要条件。

不同的敏感性使儿童能够从复杂的环境中，选择适宜自己生长的、必不可少的东西。就像阳光照到了一些物体上，而没有照到另一些物体上一样，儿童只对某种特殊的事物具有敏感性，对其他事物则无动于衷。这些能使儿童产生敏感的事物构成了他们的整个世界。

儿童不仅仅对某些事物具有内在敏感性，他们还具有利用这些事物促进自身发展的独特潜能。一个正处于敏感期的儿童，他们所进行的心理调整，能使自己更加轻松、愉快地认识和生活在所处的环境中。

如果儿童的健康取决于某些隐秘的能量这一假设成立，我们就可以设想，某些儿童无法适应外界环境，其实是由于他们发生了心理失调和罹患心理疾病。我们不能再漠视儿童的心理发展了，应该从一开始就去帮助他们。这种帮助并不在于塑造儿童，因为塑造儿童是自然之神的任务。这种帮助在于观察儿童心理发展的外在表现，为儿童的心灵成长提供支持，因为这种支持只靠儿童自己的努力是无法完成的。

## 敏锐的观察力

孩子拥有非常敏锐的观察能力，这种能力让很多成人无法想象。因此孩子根本就不需要靠艳丽的色彩和高音贝的声音引起注意，他们自己就能观察到许多事情，不只是具体事情的形象、动作的影像，还能观察到事物与事物之间的联系。很多东西在成人还未注意到的时候，孩子已经成功观察、理解到了。

一个1个月大的婴儿，从未出过房间，并且只分别看到过两个男人，一位是他的父亲，另一位是他的叔叔。当有一天，父亲和叔叔同时出现在他面前时，他会奇怪地看着其中一位，再转头看看另一位，而且看很长一段时间。这时如果两位成人能安静地站在孩子面前，让孩子能够长时间地认真观察，那么孩子就会加深对这两个人的印象。反之，如果两位成人一会儿就离开，或者是只顾着聊天，分散了孩子的注意力，就无法让孩子拥有印象加深的体验。离开孩子时，两位成人也应该慢慢地走，好让孩子有足够的时间进行观察，并让孩子明白父亲与叔叔是两个不同的人。成人这样做，是在激发孩子的内在潜能，让孩子建构自己的世界，以此来达到教育的目的。

家长抱着几个月大的婴儿在看一幅画了许多水果的画，家长一边看画，一边在假装吃东西。这个原本只会喝奶的婴儿，看到家长吃东西的样子便会模仿。看到孩子如此感兴趣，家长就一直抱着他站在画前，一直到他觉得有些无趣才走开。这位家长是真正的“教育家”！家长激起了孩子的内在潜能，模仿成人吃东西的样子，并给予孩子足够的时间去进行这项活动。

当一个小孩看见大厅里芭蕾舞者的雕像，就开始翩翩起舞。这是由于孩子看到别人跳芭蕾舞，所以一看到这座雕像就知道这是跳舞的姿势。

孩子若是对房间里某些东西特别感兴趣，就会很快发现原来不属于这间房子里的东西，并向成人询问是什么东西。例如，有个小女孩外出游玩儿时看见了墙边的一块石头，她对这块石头很感兴趣，之后女孩每次出门都会停下来看看墙边的小石头。

孩子拥有敏锐的观察力，他们都喜欢看亮光、鲜花和动物，并将他们看到的东西依照顺序储存在大脑里。孩子会做一些事情来满足自己观察的欲望。例如，当看到大人说话时，会观察大人说话时的嘴形。由于很多成人并不了解孩子的这一能力，所以总是以大声说话或者大声叫出孩子名字的方式来吸引孩子的注意。其实完全没有必要，成人只需要做出假装说话的动作，哪怕只是嘴部细小的动作，都能让孩子专注地观察。成人说话的样子让孩子很感兴趣，因为他们对语言有种天然的敏感——孩子内在的发展规律要求孩子在这个时候需要完成这个任务。如果将一个4个月大的婴儿放在一个只动嘴不出声的人面前，婴儿会很认真地观察那个人嘴形的变化。成人的动作激发了孩子想要模仿的内在动力，这与孩子的成长发展规律是相符的。

## 父母应选择正确的方法

对孩子的教育是否从孩子一出生便开始，一直是大家热烈讨论的问题，至于如何进行早教却还没有谈到。这个问题似乎并不注重实际，显得理论性过强，不像让孩子如何健康成长那样具体。

有医生为1岁孩子开设了一所专门的学校，帮助孩子进行一些手和脚的运动。这真是一件糟糕的事情，这样做很有可能对柔弱的新生儿造成运动伤害，再说新生儿需要学习的内容已经够多的了。但是不让新生儿做任何活动，过于保护也是没有必要的。只要明确一个原则，那就是在指导新生儿活动时，不要做像上述那些特殊学校所做的事情就可以了。成人帮助孩子进行手和脚的运动，就是将成人的行动方式套在孩子身上，将孩子变成小大人的样子，这是十分错误的。成人只需要让孩子按照自己的方式发展、活动，不要进行干扰，就是对孩子最好的帮助。

孩子开始肢体运动是由其内在的能力激发，是孩子自主、自愿的行为。肢体的活动是人体自我意愿的表达，因此只有孩子依照自己的意愿进行肢体活动，孩子的肌肉才能得以正常发展。对此，我们只能静观其变，并通过各种渠道去了解孩子的成长过程。我们要仔细观察孩子，并从中总结出一些方法，因为我们无法用语言与这么小的孩子沟通，而方法能让我们尽可能地了解孩子。

TIPS：

1岁以内的孩子不能完全控制自己的身体，需要成人给予特别细心的照顾，而一旦不舒服或不高兴就会大声哭闹，让一家人都不得安宁。成人只会从生理健康方面照顾1岁以内的孩子，而忽视他们的心理发展和心理需求。婴儿期的成长经历能够对一个人的性格和品德有所影响，任何伤害或阻碍孩子成长和发展的事情，都会严重影响到孩子日后的性格和品德的形成。

要想了解孩子的心理发展，找到能够作为指导新生儿成长的模式，我们就必须认真观察孩子的一举一动，捕捉到孩子最细微的表情和动作。

教育学家将婴幼儿时期定义为“软蜡”（ceramolle），认为可以对这个阶段的孩子进行适当的指导。我认同软蜡这个观点，可这些教育学家觉得孩子应该由他们来塑造的观点却是不对的。实际上，孩子能自觉自发地塑造自己，正确的理念应该是让孩子通过各种方式确信自己、塑造自己。而在孩子眼中全能、权威的成人，很可能会粗暴地打扰、介入孩子的自我塑造过程，将孩子在“软蜡”上自己勾勒出来的轮廓毁掉。将成人的这一行为说成“十恶不赦”，并不过分。

就算成人对孩子的打扰是无意的，但也已经对孩子精心营造、构建的东西造成了无法弥补的损坏。孩子会在成人不注意的情况下，重新营造自己的世界，可成人仍然会粗暴地毁掉一切。就这样，双方的冲突会一直持续，直到孩子妥协为止，那时孩子不再拥有自己的主见，不再想做自己愿意做的事情。

因此，在孩子的敏感期进行适当的教育是非常重要的，比之后的任何时期都更为重要。成人一定要顺应孩子的自然成长过程，不要粗暴、盲目地干扰、阻碍其正常发展，就像地狱魔鬼和天神之间的关系一样：天神拥有创造的力量，而魔鬼则拥有毁灭的力量。作为教育家，我们要用自己善于观察的能力去了解孩子，并作出正确的选择，弄清楚怎么做才是真正对孩子的成长发展有好处。我们一定不能用自以为正确的方式，那样很可能会对孩子造成伤害。孩子的自我成长、自由构建，不是在成人的指导下进行的。这是一个让很多人难以理解的概念，因为大多数人仍然认为成人才是孩子性格和品德的创造者。请成人抛掉这个错误观点，静心思考一下自己犯下的错误。

理解了孩子才是真正的创造者之后，我们就需要更了解孩子的人格形成。无论是对新生儿还是对大一些的孩子施教，我们首先要做的事情就是仔细观察孩子的人格，尊重孩子。当我们因为怕孩子的吵闹而拒绝与他们一同相处时，就是对他们的不尊重。一件事情如果能让成人觉得开心舒服的话，孩子的感觉也会很不错。例如，当大家共进晚餐的时候，将孩子一个人孤零零地关在另一个房间，将其单独隔离开，这对孩子非常不尊重，相信没有人会用如此不尊重的态度对待成人。我们应该平等对待孩子，让他们与我们一起坐下来吃饭，并深感能与孩子坐在一起是一种“荣幸”。成人要多与孩子亲近，并使自己愿意与孩子多待在一起。

有的成人认为，让孩子吃成人的食物对孩子的身体健康不利，其实没必要为此事担心。成人已经在无意识的状态下做了很多伤害孩子的事情。成人还常常会忽视孩子的感受，并因此对孩子造成伤害，但却从未跟孩子道歉。

当我们还不了解科学喂养的知识时，儿童的死亡率高得惊人，但这只是问题的一方面表现。另一方面，一些儿童即使存活下来，仍有许多在成年后深受失明、佝偻病、跛脚或瘫痪之苦，还有许多人肢体残缺、器官受损，易受结核病、麻风病、淋巴结核等严重疾病的感染。

在儿童心理健康方面也是一样，我们并没有保障儿童心理健康的方案。在我们的生活中，儿童的心理健康没有得到任何的保障和维护，我们甚至还忽视了某种能够促使儿童心灵协调发展的秘密因素。心理失调导致很多人受到身心疾病的困扰，比如失明、虚弱、发育迟缓、死亡等。像骄傲、权力欲、贪婪和易怒等常见的心理问题就更不必说了。

将身体健康与心理健康进行对比并不只是一种语言上的修辞或比拟，它能够让我们从儿童身体的疾病联想到他们心理所遭受的创伤。所谓“失之毫厘，谬以千里”，最初的毫厘之差可能会导致儿童成年后的千里之谬。尽管一个人在不适合的环境中也可以长大成人，但是请想一想，他本应该在一个与自己身心都和谐的“乐园”之中成长呀！

心理学家一直在努力捕捉儿童在运动中的反应，这种反应可以表现为儿童在受到感官刺激时的心理变化。为此，心理学家进行了大量的对比实验，却无法证明婴儿存在心理活动。然而，我们都知道即使是最细微、最初级的心理活动，也必然先于任何身体运动。

婴儿观察视线范围内的所有东西，获取经验，进行吸收和学习。

## ·3·
## 视　觉

婴儿的眼睛是明亮而充满渴望的。科学已经证明，婴儿的眼睛不只对光线敏感，而且具有接收信息的能力。他们会不停地用眼睛去寻找各种各样的信息。

如果对动物的眼睛进行解剖，我们会发现动物的眼睛与人类的完全一样，都是一个与相机相似的视觉器官，但是动物的眼睛受天性的影响，使用范围非常有限。它们的眼睛可能只对某些事物有敏感性，而不会对周围环境中的所有事物都敏感。它们的视觉仅能满足自己的某一方面需要。的确，动物的视觉能力受这些需求的制约。

这种影响从出生起就出现了。动物感觉器官的发展与完善都遵循这个规律。猫的眼睛与所有夜间捕食的动物一样，适合夜间活动。但是，它们的眼睛只对移动的物体敏感，对静止的物体则视而不见。它们在夜间一旦发现有物体移动，就会立即扑上去，而对静止的东西则毫不在意。这就是说，猫的眼睛不是对环境中的所有东西都敏感，而是只对其中的一部分东西感兴趣。同样，一些昆虫也只对某一种特定颜色的花感兴趣，因为这种颜色的花常常提示食物所在。刚刚破茧而出的幼虫一般都没有方向感，它们只能凭借本能，通过眼睛辨别方向。动物的行为往往受感官控制，而人却并不是完全机械地受感官操控的。感觉器官为其所在的机体服务，而机体所进行的活动则要遵循一定的规律。

婴儿的感觉器官所遵循的规律与动物是不同的。猫只关注周围环境中的移动物体，而婴儿则没有这种限制。婴儿观察视线范围内的所有东西，获取经验，进行吸收和学习。另外，婴儿也不是机械地进行观察。他们观察到的事物会让他们产生某种心理反应，也会对他们的人格产生重要的影响。

抛开科学论断，我们仍然可以肯定地说：“如果一个人的生活只受欲望摆布，他的心理就会出现这样或那样的缺陷。”这个人的行为所遵循的规律可能还存在，可是这种规律的影响力却小得多了。而这些都可能会导致这个人成为一个感官的牺牲品，行事机械、迷惘。

我们必须清醒地认识到，让儿童遵循规律发展是最重要的事情。对这一点，我们应该予以重视。

成长中的婴儿就像一个个心灵胚胎，他们需要在一种特殊的环境中成长。这种环境应该充满爱的温暖，拥有丰富的营养。在这个环境里，一切的事物都应乐于接受他们，而不会伤害他们。

唯一能使我们捕捉到儿童进入了语言敏感期的是他们的微笑。当成人用简洁、清楚的语言对儿童说话时，他们都会愉快地回以微笑。

·4·

## 听觉

从儿童学习说话的过程中，我们能清楚地看到：当各种声音以杂乱无章的方式传入儿童的耳朵时，他们仿佛在顷刻间就能清晰地抓住某种有趣的、有吸引力的声音。这个还没有思维能力的小家伙就像听音乐一样用心地听这个声音。这个声音充满了他的整个世界，触动了他的神经纤维——事实上，这些神经纤维之前还处于蛰伏期，没有大声的召唤是不会被触动的。儿童的神经纤维受到了激发，开始有规律地振动，并会在某种特殊力量的引导下改变振动方式。

慢慢地，儿童的耳朵能辨别出不同的声音，舌头的运动也更加灵活。而在这之前，他们的舌头还只能用来吸吮。现在，似乎有某种不可抵抗的力量在驱使着儿童使用舌头，与脸颊、喉咙、嘴唇一起，进行一项特殊的运动。然而这种运动除了使儿童得到了某种不可言喻的心理满足外，并没有任何目的。当他们能蜷起四肢、握紧拳头、将头转向说话的人，紧紧盯着说话人的嘴唇时，他就会感到非常的满足、愉悦。

TIPS：

儿童正在经历一个敏感期：在儿童心灵的秘密花园中，一种神秘的力量正在默默地激发他们，使他们的心理悄悄发生着深刻的变化，这种变化将伴随儿童一生。

只要儿童所处的环境能够充分满足他们内心的需要，这种心理变化将会秘密地进行，丝毫不需要他人的特别注意。比如，说话是儿童所有需要掌握的技能中最难的一种技能。也许成人对于儿童说话的敏感性并没有加以注意，但是由于儿童生活在成人的环境中，成人之间的对话为儿童语言能力的发展提供了必要的条件，满足了他们说话敏感性的需要，儿童此时早已开始悄悄学习着说话。事实上，唯一能使我们捕捉到儿童进入了语言敏感期的是他们的微笑。当成人用简洁、清楚的语言对儿童说话时，他们都会愉快地回以微笑。

慢慢地，儿童能够区分各种声音，比如教堂钟鸣的声音、临睡前的催眠曲等。儿童听催眠曲入睡就是一个非常典型的例子。在夜晚，当父母温柔地唱着催眠曲，一遍又一遍地重复相同的曲调、歌词时，儿童的情绪就会平静下来，从兴奋变得安怡，渐渐入眠。

对刚出生的婴儿，如果成人不给他们提供帮助，忽视其所处的外界环境，儿童的心理就有可能陷入危险之中。儿童要为自己的心理发展与外界斗争，并且还有遭受失败的可能。由于成人对于儿童的正常心理还缺乏了解，不知道正在对儿童的心理发展产生影响的因素是哪些，因此他们可能无法给儿童提供恰当的帮助，也无法注意到儿童内部正在发生的奇迹。而这些创造性的活动，尽管我们无法从表面看出来，却的确正在儿童心里秘密地进行着。

儿童是通过自身的努力和参与各种活动成长发展的。他们的发展需要心理和身体两方面的因素。对于儿童来说，重要的是他们通过感官获得印象，并清晰、明确地保持这种印象，在这种内在的心理运动中，发展自身的理性。

·5·

## 运　动

当一个新的生命降生时，它自身就具有一种神秘的本能，会告诉自己该怎样活动、形成什么样的特性以及怎样适应环境等。动物身处的环境不仅仅为它们提供了生存的条件，还为每一个物种、族群的形成提供了外部刺激。外部环境就是以这样的方式推动整个世界和谐发展、繁衍生息的。每一个物种都有最适合它们成长的外部环境，并会形成独特的机体特性。它们以这种方式，为维系和完善整个自然系统作出了贡献。每一个物种从其一出生起，它在自然界中所处的位置就已经确定，如羊羔安静、小狮子凶猛、小蚂蚁勤奋、幼蝉鸣叫等。

就运动能力的发展来看，婴儿要比其他动物发展得更为缓慢。婴儿在降生时，几乎不具备任何运动能力——看，婴儿刚出生时那惹人怜爱的模样——他们必须依靠他人的帮助，并且要持续很长时间。尽管婴儿已经能够运用感觉器官，并对光线、抚触、声音等刺激作出反应，但他们不会说话、不能站立，需要他人的照顾。在很长一段时间里，他们能发出的唯一声音就是哭叫，以引来成人帮助他们。他们要经历很长一段时间，有可能是几个月、一年甚至更长的时间，才能够站立行走，而要等到更长时间之后，他们才具有说话的能力。

## 运动对心理发展的影响

运动是人类自身与外部世界建立关系的唯一途径，它不仅仅使人类表现自我，更帮助人类发展自己的意识。我们应该强调身体运动在心理发展过程中的重要性。人们在身体方面的各种功能性运动与对营养的吸收、呼吸等植物性的生命运动，是有所不同的，很多人都没有对此加以明显区分，这是非常错误的。有时候，人们甚至还把运动仅仅看成生命体呼吸、消化、血液循环等正常运行的辅助物。

虽然运动是动物的特征，但它对植物也有一定的影响。我们也许可以说，运动始终伴随着所有机体的活动。可是，我们不能只从身体的角度来考虑运动。众所周知，体育运动对人有很多好处，不仅能促进和维持人的身体健康，还能帮助人增加信心和勇气。此外，它还能对人的精神产生影响，通过道德等力量激发人的崇高理想，唤起旁观者的热情。可以说，体育运动在心理方面的作用和影响要比身体上的意义更加深远。

## 运动对儿童意义重大

儿童是通过自身的努力和参与各种活动而成长发展的。他们的发展需要心理和身体两方面的因素。对于儿童来说，重要的是他们通过感官获得印象，并清晰、明确地保持这种印象，在这种内在的心理运动中，发展自身的理性。毕竟，理性是人区别于非理性动物的关键。理智使人能够对事物进行判断，然后在意志的作用下把握自己的行为。

对于儿童理性的发展，成人采取的态度是任其随着时间的发展而发展。他们不但不积极地帮助儿童促进这种发展，而且还会用自己的思维力量去阻碍儿童理性的发展，尤其是在儿童的活动打扰到他们的时候。可是，运动对儿童来说，意义十分重大。运动是人的外在表现，却能呈现出内在的创造性能量。人类在运动中得以不断地完善。人类通过运动作用于外界环境，履行自己在这个世界上的使命。运动是人类自身与外部世界建立关系的唯一途径，它不仅仅使人类表现自我，更帮助人类发展自己的意识。

智力的发展需要通过运动或身体的活动，从外界获得感官上的各种材料。活动之所以成为智力发展的一个基本因素，正因为我们是通过它接触客观环境，并从中获得信息，再进一步形成抽象的概念的。人的心灵就是通过身体的活动与外部世界联系在一起的。

心灵需要的活动有两种：

一种是获得观念，另一种是从外部表现自己。

运动和身体的活动非常复杂。人体的肌肉是如此之多，以至于一个人不可能运用自己的所有肌肉，其中很多的肌肉组织都被闲置了。比如，芭蕾舞演员跟外科医生或机械师常用的肌肉肯定是不一样的。而一个人运用自己肌肉的方式也将影响他的个性发展。

只有通过足够的训练使肌肉处于健康状态，使人们能够针对不同需要使用不同的肌肉，才能让人们认识到不同活动是如何发展不同的肌肉的。相反，如果一个人的所有肌肉几乎都没有经过锻炼，他的生命也会变得很脆弱。

活动会对一个人的精神活力产生影响。如果一个人的肌肉处于休眠状态，不能正常发挥其功能，那么身体的能力也必然无法提高，心理的能力也会随之降低。

从身体运动和心理精神之间的关系，我们能了解身体运动的重要作用。生物体的各种生长功能都与神经系统有关，而又不依赖于精神意志。每一个身体器官都有自己特定的功能，并且能够一直行使这样的功能工作下去。

人的身体在执行意志的命令时，需要进行一系列的复杂动作，所以当儿童努力地尝试这种行动时，我们应该从旁协助。自由支配自己的运动器官，是儿童与生俱来的愿望，这也是他们表现自己智力的一种途径。而指挥行动的意志同时也能促进儿童心理的发展。

令人感到意外和有趣的是，在我们学校里，儿童非常喜欢独立地完成各种工作，他们非常努力地去做。自由行动的儿童，从周围的环境中，努力收集感官印象，他们愿意认真勤奋地从事自己的活动。他们的精神在客观存在与自我实现之间飘忽不定。儿童是发现者，他们还没有明确地找到适合自己的发展形式，不过他们的前景光明而灿烂。

在不同的场景中，婴儿应该被放在一个地点的同一个位置上，这样他就可以在其中重复看到同样的物品，学会识别这些物品及其相应的位置，区别有生命和无生命的东西了。

## ·6·

## 给父母的实操建议

### 第一步：给予孩子一定的感官刺激

感官刺激是第一步，就像一个婴儿如果想得到一件物品，他会探出整个身体去拿。只有在运动能力逐步发展和协调后，他才能分解各种运动，这时他才能认识到伸出手就可以够到想要的物品。

在一个婴儿身上可以观察到：

4个月大时，婴儿的眼睛一直盯着一个正在讲话的成人的嘴。从婴儿嚅动的嘴唇和头部的固定姿态上能够发现，他的注意力已经被那个成人的声音吸引住。

6个月大时，婴儿已经能够掌握一些单独的音节。但是在他能发出这些音节之前，他一直在注意地听，刺激着发音器官。这表明这个婴儿心理活动已经具有一种“刺激—行动”的规律了。这种敏感性的存在，也许无法从实验中发现，而只能从观察中获得。

早期阶段的心理实验，由于会过度消耗婴儿的精力，有可能会对婴儿敏感性的发展带来损害。

要观察儿童的心理世界，法布尔[1]观察昆虫的方法是一种非常合适的方法。当昆虫在自然环境中忙碌地工作时，法布尔便把自己藏起来，不去打扰它们。同样地，我们也应该在婴儿的感官开始与外界环境产生联系时，对他们进行观察，因为只有在那一时刻，这个生命才开始依靠环境，自然地发展。

1 法布尔，法国昆虫学家、作家，著有《昆虫记》。

## 第二步：掌握观察孩子的方法

愿意给儿童提供帮助的人是不需要求助于繁复的观察方法或没有依据的解释的，他需要的是有帮助儿童的愿望和关于儿童的常识。

从下面的例子中，我们就可以发现这种观察法是多么简单：

在婴儿还不能站立时，许多成人认为婴儿是喜欢躺着的。但是，婴儿应从他生活的环境中——由上到下、由左到右的某个空间中，得到他的第一个感官印象。如果他总躺在床上，盯着房间的天花板看，看到的只能是如床单一样苍白而单调的天花板。成人应该让婴儿有机会看到那些能满足他心灵需要的物品。

有些父母认识到了这点，想用某种东西把儿童从单调的环境中吸引开来，但是却用错了方法。他们把某种环形的物品拴在绳子上，让它们在婴儿的眼前晃动。一直在注意观察外界环境的婴儿，由于无法转动头部，就只好用眼睛一直盯着摇摆不定的物品。他只好采用一种不自然的姿势，而物体也在没有规律地晃动，因此这时婴儿所做的运动是不自然的，并会对自己造成损害。

适当的办法是把婴儿放在稍微倾斜的平面上，这样他就能看到周围的事物。而更好的办法是把他带到户外花园里，让他在那儿看到小鸟、小花以及随风飘动的小草。

在不同的场景中，婴儿应该被放在一个地点的同一个位置上，这样他就可以在其中重复看到同样的物品，学会识别这些物品及其相应的位置，区别有生命和无生命的东西了。

# 本章小结

## 蒙氏养育观点

婴儿期的弱小状态是孕育人们独特个性的沃土。每个个体都有内在的个性和自我，其发展是自然而然的，不为我们所左右。我们首先要做的事情就是仔细观察孩子的人格，尊重孩子。我们只能辅助一个人去实现他自己，为他排除生长过程中阻碍自我实现的事物。

大自然赋予人们的第一个本能是与秩序有关的敏感性，这就像大自然给了人类一个指南针，让人类学会去适应世界。人的智力不是从天而降的，而是建立在敏感期的基础上的。儿童只对某种特殊的事物具有敏感性，对其他事物则无动于衷。这些能使儿童产生敏感的事物构成了他们的整个世界。

儿童在敏感期拥有一种特殊的内在活力，能够以惊人的方式自然而然地吸收和学习。当儿童的敏感性受到外界的干扰和阻碍时，他们就会产生抑郁或愤怒的情绪。在孩子的敏感期进行适当的教育是非常重要的，比之后的任何时期更为重要。成人一定要顺应孩子的自然成长过程，不要粗暴、盲目地干扰，阻碍其正常发展。

□ 当我们因为怕孩子的吵闹而拒绝与他们一同相处时，就是对他们的不尊重。一件事情如果能让成人觉得开心舒服的话，孩子的感觉也会很不错。

□ 我们应该平等对待孩子，让他们与我们一起坐下来吃饭，并深感能与孩子坐在一起是一种“荣幸”。成人要多与孩子亲近，并使自己愿意与孩子多待在一起。

□ 敏感期使儿童对一切都充满了热情和动力，他们能轻松地掌握各种本领，他们所做的每一次努力都使自己的能力大大增强。当一个目标达到时，他们才会失去兴趣和活力。成人帮助孩子进行手和脚的运动，就是将成人的行动方式套在孩子身上，将孩子变成小大人的样子，这是十分错误的。成人只需要让孩子按照自己的方式发展、活动，不要进行干扰，就是对孩子最好的帮助。自由行动的儿童，从周围的环境中，努力收集感官印象，他们愿意认真勤奋地从事自己的活动。

□ 在不同的场景中，婴儿应该被放在一个地点的同一个位置上，这样他就可以在其中重复看到同样的物品，学会识别这些物品及其相应的位置，区别有生命和无生命的东西了。

第4章

# 卫生学方面的建议

MONTESSORI BRINGING UP

YOUR 1 YEARS OLD

CHILD

我们照顾孩子的方法，不外乎就是跟在孩子身后，随时准备拯救那些可能会被他破坏的东西。成人在采取这些行动的时候，是在努力使孩子变得有教养，但同时也压抑了孩子特有的“随心所欲”的天性。

·1·

# 新生儿的力量和需求

## 正确认识新生儿的力量

婴儿降生时，我们可以看到，伴随着他们肉体一同降生的还有一种神秘的精神形式的存在。如果我们把其理解为一种神秘的力量，一种能够给新生儿娇弱的身体以活力，促进他们发育、帮助他们开口说话、使他们得以发展完善的力量，那么我们就可以把婴儿的这种心理和生理的同步发展叫作“实质化”。

实际上，儿童个性发展的关键在于他们自己。他们拥有独特的发展方式，并会遵照特定的规律发展。在儿童体内存在一种神奇的力量，成人不恰当的打扰只会阻碍这种力量的发挥。从原始社会开始，人们就开始打扰这种自然规律，妨碍儿童天性的自然发展，导致人的本性发生扭曲。

没有认识到儿童拥有一种积极的精神生活，是人们面对的最大问题之一。尽管儿童的精神生活在当前并没有表现出来，而且他们还要经历很长时间来秘密地发展自己的精神生活。

儿童就如同生活在凄惨悲苦的牢房中的幽灵，他们渴望光明，希望在阳光下生活和稳定、茁壮地成长，但是在现实生活中，总有一个力量强大的“巨人”站在他们身边，伺机猛扑向他们，将他们压倒。

成长中的婴儿就像一个个心灵胚胎，他们需要在一种特殊的环境中成长。正如一个胚胎需要在母体的子宫中成长发育一样，心灵胚胎也需要一种特定的外界环境对其加以保护。这种环境应该充满爱的温暖，拥有丰富的营养。在这个环境里，一切的事物都应乐于接受他们，而不会伤害他们。

当成人最终认识到这一点时，他们将会改变对待婴儿的态度。

这个小生命是敏感的、持续变化着的，他们在不断地努力实现自我意识的觉醒：他们通过感觉器官去感受外部的环境，通过肌肉去接触外部的环境。

一个人的心灵与他所处的环境存在着一种交流。外部环境塑造了一个人，并使他逐渐趋于完善完美。婴儿也要向周围的环境妥协，使自己的个性与外部环境相融合。

通过心灵的引导，婴儿逐步长大，并具有从事复杂活动的能力。但是婴儿也保持着一种警觉，以维护对自己心灵的控制权，让心灵免受由惰性导致的活力丧失。心灵还会持续地下达命令，以使其不受固定本能的支配，并且不致因发生退化而陷入混乱。为了避免这种情况的发生，婴儿需要不断努力提高心灵的活力，为心灵的实质化这项无休止的工作作出贡献。因此，正如胚胎变成儿童，儿童变成成人一样，人的个性也是以这样的方式形成的。

## 父母能为孩子提供哪些帮助

那么，父母能为孩子提供哪些帮助呢？父亲要提供一个我们用肉眼无法观察到的细胞——精子；母亲不但要提供另一个细胞——卵子，还要为受精卵提供一个生存环境——子宫，以便使其最终成长为一个真正的孩子。

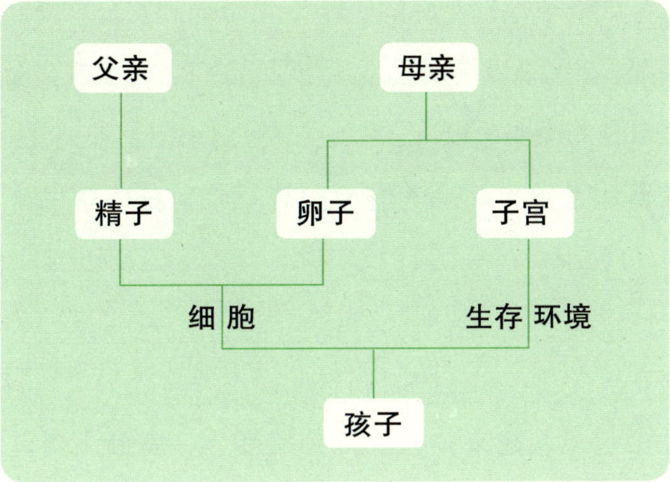


很多人都认为：父母创造了自己的孩子。这种认识是不正确的。相反地，我们应该说："是婴儿促使了父母的产生。"

我们应该将儿童具有的这种神秘力量视为一种神圣的物质。我们应该对它表示欢迎，因为正是在这个充满创造力的阶段，那些未来的个性被最终确定下来。正因如此，我们必须采取科学的态度谨慎地研究儿童的心理需要和适合他们心理成长的环境。

现在，我们正处于一门科学的初创阶段。只要我们致力于这门科学的研究，并愿意付出努力，我们必能揭开人类发展的秘密，这门科学也必将取得长足的进步。

我们应该彻底地去了解新生儿的特点，只有这样，才能从一出生就给予他们完好的照顾，并使他们安全平稳地迈出生命中的第一步。照料新生儿必须要具备相当的知识，而且要以新生儿自身的需要为根本。即使仅仅是抱一抱孩子，也要十分温柔谨慎地去做。如果不能够做到轻柔地对待新生儿，那么最好不要随便移动他。我们一定要知道，孩子刚出生的时候，甚至在他还没有满月的时间里，都需要一个比较安静的环境来进行发育和成长。在这段时间里最好不要给孩子穿衣服，也不要把他用包裹包起来，只要做到使婴儿在室温下得以保暖就可以了。因为婴儿这时候还不太能随着环境温度的变化来调节自己的体温，所以穿衣服对他们来说不会有什么实质性的帮助。

我的这个观点也受到了一些非议，有些人认为我忽视了不同的国家在传统上具有不同的育婴方式。但是，我的确对于各种不同的育婴方法都有一定的涉猎。正因为我曾经对很多国家不同的育婴方式进行了深入的观察和研究，才发现这些方式在某些方面都存在着缺失。请允许我再一次说明，这些育婴方式所真正欠缺的是一种心理意识上的觉悟，而在我们迎接新生命的到来前，请一定要花时间做好一切准备。

事实上，不管在哪个地方或哪个国家，儿童都没有被彻底地了解。从孩子出生的那一刻起，大人的潜意识里就充满了一种不安的感觉。成人总是想要极力保护自己所拥有的东西，即便有些东西实际上根本没有多大价值。他们担心孩子的到来会打乱他们平常的生活秩序，房间也会被孩子弄乱、弄脏。或许正是因为有了这样的心态，所以我们照顾孩子的方法，不外乎就是跟在孩子身后，随时准备拯救那些可能会被他破坏的东西。成人在采取这些行动的时候，是在努力使孩子变得有教养，但同时也压抑了孩子特有的“随心所欲”的天性。

新生儿那从没有被触摸过的小小身躯是非常敏感的，可是却没有人去好好呵护，也没有人去努力理解新生儿对每一个新触觉以及他身体内的无数自然现象做出的敏感反应。

·2·

## 新生儿需要关怀

许多人都认为当今世界已经十分重视关怀新生儿了，但我们究竟是如何关怀他们的呢？

### 光线微暗的房间

当妈妈生完孩子，在安静的房间里悠然地放松休息时，是否有人想起过，也应该让同样饱受疲累的新生儿在光线微暗的房间里安静地休息，以让他可以慢慢地适应新的环境呢？令人遗憾的是，没有什么人会觉得新生儿受了什么艰苦的磨难。新生儿那从没有被触摸过的小小身躯是非常敏感的，可是却没有人去好好呵护，也没有人去努力理解新生儿对每一次触摸以及他身体内的无数自然现象做出的敏感反应。

实际上，当婴儿降生的时候，所有人都只关心母亲。母亲确实经历了痛苦，但是新生儿难道就没有经受痛苦吗？人们只关心母亲是否受到强光和噪声的打扰，但是对于来自阴暗和无声的环境（母亲的子宫）中的婴儿，我们又为他们提供了什么保护措施呢？他们也需要阴暗而幽静的环境。他们原本生活在一个不受干扰、温度恒定的液体环境中，但是仅仅一瞬间，他们的环境就发生了翻天覆地的变化。对他们来说，身边每一处都和原来不一样了。婴儿娇嫩的身体碰触到了粗糙的硬物，并且还可能受到成人大意、生硬的对待。

## 正确的托抱

在婴儿出生之后，满屋人都不敢碰触这个小家伙，因为他实在太柔软、太娇嫩了。于是，他被托付给有经验的人照料。可是这些人并不一定适合做这份精细的工作。被一双强有力的手臂牢牢抱住，对婴儿来说是远远不够的。这就像一位护士受托照料生病或受伤的人之前，必须先学会运用正确的方法移动、包扎、敷药而不会引起病人过于疼痛一样，婴儿也需要他人运用正确方法托抱。然而，新生儿却没有得到如此精心的照料！医生并没有根据他们的情况进行专门的考虑。

## 及时回应哭泣

没有人把婴儿的哭泣放在心上。当成人听到婴儿拼命哭泣时，他们还认为眼泪能使婴儿的眼睛更加明亮，抽泣能提高婴儿的肺活量呢！

在很长一段时间里，婴儿能发出的唯一声音就是哭叫，以引来成人帮助他们。

## 不要包裹婴儿

婴儿从一出生起全身就立刻被紧紧包裹起来。出生前，蜷缩在母亲子宫中的幼小身体现在被拉直了，他们就像被打上了石膏一样，被包裹得动弹不得。实际上，婴儿是不需要穿任何衣服的，即使是出生才一个月的婴儿也不需要衣服。幸运的是，人们在这方面的认识已有了长足的进步。紧裹着婴儿的襁褓已经被轻薄的衣服所取代。相信人们会逐渐认识到，不穿衣服才是最适合婴儿成长的方式。

婴儿应该像油画中描绘的那样裸露着身体。当然，由于婴儿在出生之前一直生活在母体的子宫内，当他们出生后明显是需要保暖的，但他们所需要的温暖应该主要来自于外部的环境而不是紧裹的衣服。事实上，衣服是无法为他们提供热量的，只能起到保持身体温度的作用而已。关于这一点，我们可以在动物照顾幼崽中看到类似的情况：即使幼崽的身上已经长出了绒毛，它们的母亲仍然会像孵卵一样捂着它们，用身体温暖着它们。

在婴儿刚刚出生的时候，我们必须让他们觉得周围环境是有趣的、具有吸引力的。

·3·

# 适宜新生儿的环境

## 儿童生命的第一阶段是适应阶段

儿童生命的第一阶段是适应阶段。在这里，我们首先必须要准确地理解“适应”一词的含义。这里所说的“适应”与成人的适应行为完全不同，我们要加以区别。正是因为拥有特殊的适应能力，儿童的出生地将成为他们永远的家园。这就好像他们初学语言时学得最快、说得最流利的语言就是母语一样。一个生活在国外的成人永远也无法像婴儿那样适应环境。想想那些远赴他国的传教士——他们主动前往遥远的国家，但如果你问他们的感受，他们会说："我们虽然身在异乡，但心系故里！"这说明，成人的适应能力是非常有限的。

对于儿童来说，他们对生养自己的环境非常喜爱，不管那里的生活多么艰难，他们都能感受到从其他地方无法获得的快乐。每个人都会适应和喜爱生他养他的环境。

这种喜爱就是在儿童时期形成的，成人仅仅是把它延续下去而已，他们在内心深处已经属于生他养他的环境，他们必须去爱这片土地，他们在其他任何地方都找不到这种平和与愉悦。

很久以前，在意大利农村出生的人们可能一辈子也没有机会离开出生地。意大利建国之后，很多人因为工作、结婚等原因离开了故乡。但这些人在晚年时常会患上一些怪病：面色苍白、情绪压抑、身体虚弱、贫血等。各种治疗方法对这些人都不奏效，最后医生建议他们回到出生地呼吸一下那里的新鲜空气。这一建议取得了显著的效果，许多人回到家乡后都恢复了健康。很多人都说，家乡的空气是最好的药，虽然他们家乡的气候可能并不十分宜人，但是这些病人真正需要的是找回一种心灵上的平和。这种平和形成在童年时期的潜意识中，他们只有回到出生地才能重新找到。

对于我们来说，心灵的吸收能力是至关重要的。它能够促使我们成长，并且让我们适应外部的气候和社会环境等条件。我的所有研究都是以此为基础的。每个人都会说："我喜欢我的国家。"与之相反的言论往往无法得到他人的认同。

## 环境会给新生儿带来有力的刺激

如果我们想对人类的心理生命给予帮助，就必须认识到：儿童的大脑是具有吸收力的，是能够从周围环境中汲取养分的。这些养分也会反过来促进大脑发展。所以，在婴儿刚刚出生的时候，我们必须让他们觉得周围环境是有趣的、具有吸引力的。

我们知道儿童的发展要经历很多阶段。环境在每一个阶段所起的作用既重要又有所差别。环境对于刚刚出生的婴儿来说，是最重要的影响因素，但是却很少有人意识到这一点。不久之前，人们还在质疑2岁以下的孩子是否真的具有精神需求。

以前，科学家将全部注意力都集中在儿童的身体健康方面。尤其是在20世纪，很多药品和医疗方法都被用来降低居高不下的婴儿死亡率。正是由于他们的目的是降低死亡率，所以他们将大部分的注意力都集中在了婴儿的身体健康方面。婴儿的精神健康领域仍然没有得到充分的开发。在自然界中，我们也很难找到理论指导。我们培养儿童的目的是要让他们适应他们所处时代的社会生活。

大自然的发展历程又向我们表明了什么呢？它告诉我们，刚刚出生的婴儿在精神上处于适应外部世界的阶段，即便是出生后就具有行为能力的哺乳动物也要经历这个阶段。

## 环境能促进孩子的创造力

我们要知道，人类的行为能力并不是与生俱来的。但是，对于儿童来说，他们行为能力的产生不是由于精神能力被唤醒，而是由于精神能力进行了创造性工作的结果。我们会发现环境在其中起了非常重要的作用。

当然，这其中也存在着一定的风险。我们必须仔细观察新生儿所处的环境，不要让新生儿与周围环境出现隔阂，也不要让他们出现回归倾向，而要让他们觉得周围环境充满了乐趣。这对儿童学习、成长和发展都具有十分重要的意义。

新生儿要面对的社会问题与成人不同。社会不平等对新生儿造成的影响完全不同于其对成人造成的影响。“成人越富有越好，儿童越贫穷越好。”这种说法其实并非毫无道理。除了各种花哨的服装、社会的风俗习惯，以及亲朋好友的看望外，那些富有家庭的妈妈为求安逸，经常把孩子交给奶妈照顾。而贫穷家庭的妈妈却会遵循自然规律把孩子放在自己身边，亲自照顾。从一些小的方面我们可以看到，很多成人看重的东西其实很可能会对儿童起反作用。

我们仍应将母亲和婴儿视为一个可以相互交流的整体。我们应该根据自然的规律去帮助儿童适应世界。

·4·

## 婴幼儿的养育原则

从婴儿“身体改善”的历史中，我们也许能得到一定的启发。在这方面，卫生学的努力方向非常正确，它没有将自己局限在人体解剖学的范围。相反地，它不仅让人们对身体的发展有了一个基本的认识，而且让每一个人确信，身体的发展是自然的。实际上，婴儿的幸福感与体形的完美并没有什么必然联系，真正值得科学研究的是高得令人瞠目结舌的婴儿死亡率。在婴儿身心不断受到疾病侵袭的现状下，我们还去考虑他们鼻子的形状、腿的样子等，却不去关注关乎生死的儿童死亡率问题，这实在令人感到诧异。我相信很多人都跟我一样多次听到下面这样的对话：

“我对照顾儿童很有经验，我生过9个孩子。”

“那活下来的有几个？”

“2个。”

这么低的成活率，这个人竟然还觉得自己在养育孩子方面很有经验！

## 传染疾病威胁婴儿的生命

高死亡率不仅限于一两个国家，这种可怕的情况已经威胁到整个人类社会。

造成这种情况有两方面的原因：

一是源于婴儿特有的脆弱性。

二是由于儿童的脆弱普遍缺乏人们的保护。

其实，造成这个问题的原因并不在于人们不希望保护好儿童，也不在于父母没有爱孩子的心，而是人们的无知。人们一点儿也没有意识到这种危险的存在。

据我了解，现在危及婴儿生命的最大因素是传染病，尤其是一些内脏器官的传染病，几乎成了所有死亡事故中的主要原因。而这种疾病还经常因为人们照顾婴儿的错误方法而加重。他们的错误主要表现在缺乏保健常识和没有计划地对待婴儿的膳食。比如，他们并不清洗婴儿换下的脏尿布，而是把它拿到太阳下晒干就给孩子换上。再比如，有些妈妈从不注意清洁自己的乳房和婴儿的口腔，婴儿口腔发炎就是由此导致的。还比如，喂奶应该听从孩子发出的哭声信号。不论是白天还是夜晚，孩子的哭声都是喂奶的唯一指令。但是有时候，孩子会因消化不良引发不适，而且他们越不舒服就越会哭叫。这时，有些不了解情况的成人反而会更加频繁地给孩子喂食，也就导致了孩子病情加重。我们甚至看到过这样的情景：妈妈怀抱发烧的宝宝，为了让孩子安静下来，把奶头一直塞在孩子哭叫的小嘴里。尽管我们既能感受到这位妈妈内心充满的奉献精神，同时也很理解她的烦恼，但这种对待孩子的错误方式仍不能被认可。

## 喂养必须讲卫生

科学在这方面为我们提出了一些原则，它要求人们尽可能地讲卫生。它阐述的每条原则都很简明，如果成人还不知道这些简单的原则是为他们而制定的话，那简直令人感到震惊。

看看这些原则是不是非常简明吧！比如：

- 最小的婴儿也应该像成人一样，按照一定的规律进餐。
- 应该在孩子消化了前一次的食物后，再给他们喂一些新鲜的东西。
- 调节婴儿饮食的时候，应该以婴儿的年龄月份和生理功能的发展为依据。
- 两次哺乳要间隔几个小时进行。
- 不管是多大的婴儿，都不要让他们舔食干面包，因为婴儿很有可能会把面包屑吞下去，但婴儿在这个年龄段还不具备消化它的能力。

让很多妈妈感到烦恼的是孩子哭闹时，成人应该怎么办？事实上，她们会惊讶地发现，一段时间以后，孩子啼哭的情况大大减少了，有些孩子甚至完全不哭了。即使那些只有1岁大的孩子，在2小时的喂食间歇中也表现得非常安静、平和，他们面色红润，眼睛睁得很大，安静得就像大自然在刹那间静止了一样。

孩子们为什么会不停地哭闹呢？这些哭声实际上常常是痛苦

和死亡的信号。而世界竟对这些哭闹的小家伙感到无能为力。他们被包裹在层层襁褓之中，很多时候甚至由一个不能胜任的小孩来照顾，他们既没有自己的房间，也没有自己的床。

## 婴儿期各阶段的基本养育规则

科学拯救了孩子，为他们创造了保育室、摇篮、婴儿房以及合身的衣服。工业文明给断奶后的儿童特别提供了卫生的食物，卫生学专家给他们带来了富于营养的食品。总之，一个充满清新、智慧与快乐的全新世界已经为他们创建好。孩子成了真正享有自己生存权利的一代“新人”。这些正是跟科学的卫生法则的普及紧密相关。

应该在精神上给予孩子自由，因为充满创造力的自然比我们更能打造他们的心灵。当然，这不是说我们可以忽视儿童的精神或者任其随意发展。观察我们所做的一切就会发现，即使我们不能直接塑造孩子的性格、智力和感情，但我们确实担负关心他们的责任。很多时候，这种责任被大家所忽视。儿童在精神上出现某些缺陷就是由于我们忽视了某些相关的责任而导致的。所以，给予孩子自由并非放任自流，而是带我们从幻想走入现实，引导我们积极有效地照顾儿童。

儿童的婴儿期（出生后第一年）可以被分为几个阶段。对每一个阶段，我们都应该给予特别的重视。第一个阶段的时间非常短暂，就是婴儿出生时。简单地说，就是在这个阶段我们应该遵循几条基本原则：

第一，婴儿应该与母亲尽可能地多交流、接触。

第二，婴儿在母体中的环境是安静、黑暗、恒温的。在婴儿出生前几天，他们所处的环境在温度、光线和噪声方面不要与出生前有太大的差异。现在，很多医院经常把母亲和婴儿单独放在一个有窗户的房间里，里面的温度受到严格控制，并会逐步调整到与外界温度相同。房间窗户的玻璃是蓝色的，所以光线也非常柔和。

第三，抚摸和挪动婴儿应该遵循严格的规定。我们对待婴儿不要像对待一件没有知觉的物品一样。我们不要像以前那样，突然将婴儿放进水中洗澡，这会使婴儿受到过大的刺激；我们也不要像以前那样，不考虑婴儿的感受，速度过快地给他们穿衣服。我们应该把他们放在一间没有杂物、足够温暖的房间里。

第四，抱起婴儿的方式也要有所改变。我们抱起婴儿的动作要很轻柔，不要突然抱起或放下婴儿，否则会使他们受到伤害。

我们这样做不仅是从健康方面考虑的。在这个阶段，我们仍应将母亲和婴儿视为一个可以相互交流的整体。我们应该根据自然的规律去帮助儿童适应世界。因为在母亲和孩子之间存在一条特殊的纽带。母亲能够给孩子一种无形的力量，这种力量将帮助孩子适应外部的环境。

我们可以说，刚刚降生的婴儿只不过是改变了自己与母体之间的位置，来到了母亲的体外而已，在其他方面他们没有任何变化，之间仍然进行着交流。我们现在所认为的这种母亲与婴儿的关系，已与数年前的观点完全不同。那时候，即使是最好医院里的最好的医生，也认为婴儿在出生后就与母亲完全分离了。

上面的内容被视为照顾婴儿的基本定律。但是，实践证明，这些特别的方法并不适用于整个婴儿期。度过这一阶段后，母亲和婴儿就可以摆脱这种隔离状态，融入社会中。

# 本章小结

## 蒙氏养育观点

儿童个性发展的关键在于他们自己。他们拥有独特的发展方式，并会遵照特定的规律发展。在儿童体内存在一种神奇的力量，成人不恰当的打扰只会阻碍这种力量的发挥。我们应该彻底地去了解新生儿的特点，只有这样，才能从一出生就给予他们完好的照顾，并使他们安全平稳地迈出生命中的第一步。照料新生儿必须要具备相当的知识，而且要以新生儿自身的需要为根本。

应该让饱受疲累的新生儿在光线微暗的房间里安静地休息，以让他可以慢慢地适应新的环境，使他免受强光和噪声的打扰。不要使他触碰粗糙的硬物，或受到成人大意、生硬的对待。及时回应婴儿的哭泣，他们能发出的唯一声音就是哭叫，以引来成人帮助他们。

不要强迫儿童睡眠。儿童需要也应该得到适当的睡眠时间，但必须区分开什么是适当的睡眠，什么是强制的睡眠。有些懒惰的父母会选择更为省力的方法摆脱孩子——让孩子去睡觉。

### 喂养的健康原则

1.最小的婴儿也应该像成人一样，按照一定的规律进餐。

2.应该在孩子消化了前一次的食物后，再给他们喂一些新鲜的东西。

3.调节婴儿饮食的时候，应该以婴儿的年龄月份和生理功能的发展为依据。

4.两次哺乳要间隔几个小时进行。

5.不管是多大的婴儿，都不要让他们舔食干面包，因为婴儿很有可能会把面包屑吞下去，但婴儿在这个年龄段还不具有消化它的能力。

### 婴儿期基本养育原则

1.婴儿应该与母亲尽可能地多交流、接触。

2.婴儿在母体中的环境是安静、黑暗、恒温的。

3.抚摸和挪动婴儿应该遵循严格的规定。我们应该把他们放在一间没有杂物、足够温暖的房间里。

4.抱起婴儿的方式也要有所改变。我们抱起婴儿的动作要很轻柔，不要突然抱起或放下婴儿，否则会使他们受到伤害。

第5章

# 学会爱你的1岁孩子

MONTESSORI BRINGING UP

YOUR 1 YEARS OLD

CHILD

当母亲努力唤醒孩子潜在的本能时，她们不仅要关心孩子的身体需要，对新生儿的身体健康给予悉心照料，还要关注他们的心理需求。

·1·

# 母性的天赋本能

## 无微不至照顾后代的天性

自然界中的野生动物对自己的后代照料得很是无微不至。虽然它们中的绝大多数都是群居动物，但是当一只雌性动物即将临盆时，它会离开自己的同伴，独自去寻找一个隐蔽的地方生产。幼崽降生之后，母亲会让它们与族群隔离两三个星期甚至一个月。

一只母猫在照顾幼崽时十分警觉，会把新生的幼崽藏到黑暗的地方，不让它们被人看到，只有当这些小家伙长成活泼、漂亮的小猫时，才放它们出来活动。

动物的种类不同，这段隔离期的长短也不同。在此期间，母亲还充当着孩子的保护者，将它们藏到一个既安全又安静的地方，使它们免受强光和其他动物的打扰。尽管很多动物的幼崽通常天生就具有相当充分的生活能力，比如站立、行走等，但母亲还是会悉心地照顾它们，将它们与族群隔离，直到它们变得足够强壮并能够适应外界的环境为止，母亲才会将孩子带回族群中生活。野马、野牛、野猪、狼，还有老虎，这些高级哺乳动物的母性本能基本上都是相同的，它们表现出来的照顾后代的本能令人非常感动。

一头雌性野牛在小牛犊出生之后，会带它远离族群几周。在此期间，雌性野牛会耐心细致地照顾幼崽。小牛犊冷了，母亲会用前腿护着它；小牛犊脏了，母亲会耐心地把它舔干净；小牛犊饿了，母亲会用3条腿而不是4条腿站立，以方便喂奶。就是在把小牛犊带回族群之后，雌性野牛仍然会不厌其烦地照料它。

有些动物甚至并不满足于寻找一个安全的地方生下后代，它们还要不辞辛苦地为后代准备一个安全舒适的小窝。

母狼会在丛林深处寻找一个幽暗僻静的洞穴。如果找不到这样的栖身之所，母狼就会在地上挖出一个洞或者在树干里挖洞。母狼还会将自己胸部的毛揪下来整齐地铺在洞里，这样做不仅能给予幼崽安全和温暖，而且也更便于母狼哺乳。出生不久的小狼崽闭着眼睛，听不到任何声音。此时，母狼会主动攻击任何企图靠近幼崽的动物。

但是，家畜的这些母性本能却时常遭到破坏。比如，野母猪是最温柔、最富有爱心的母亲之一，但是家养的母猪却会吞吃自己刚刚生出的小猪崽。同样地，被关在动物园里的狮子吃掉自己幼崽的事情也时有发生。这些都进一步表明：天赋的母性本能只有在不受到人为干扰时，才能正常表现出来。

哺乳动物在辛苦的哺乳期，会凭借本能，悉心地照顾自己的后代。哺乳动物的母性本能清楚地说明，幼崽在接触外界环境时需要得到特殊的照顾。当这些小家伙经历了出生的考验，以及随之而来的各种能力复苏之后，它们还需要度过一个关键期，即需要与种群分离一段时间，并得到充分的休息。在这个关键期过去后，它们仍需要得到几个月的照顾、喂养和保护。

成为母亲的动物，在幼崽长大成熟之前，不但要关心幼崽的身体需求，而且还要关心幼崽天赋本能的发展。而这些努力只有在安静的、不被打扰（包括光线打扰）的环境中，才能更有效地进行。一头刚出生的小马驹，在它的腿长得较为有力、学会识别和跟随母亲、外形更加成熟、成为一匹真正的小马之前，母马是不允许其他动物接近自己的孩子的。同样地，母猫也不允许别人靠近自己的幼崽，除非它们睁开眼睛、开始行走、成长为真正的小猫才行。

大自然显然非常关注动物的成长历程。当母亲努力唤醒孩子潜在的本能时，她们不仅要关心孩子的身体需要，对新生儿的身体给予悉心照料，还要关注他们的心理需求。

## 婴儿渴求得到母爱

母爱是一种大自然的力量，应当为科学家所重视，并致力于这种研究，协助母亲重新恢复她们失去已久的本能。

我们应该教育母亲学习这种知识，让她们能够从孩子一出生就给予他们心灵的保护，而不是把孩子交给受过训练的护士，尽管那种护理非常讲究卫生，但那只是在表面上满足孩子的生理需要。实际上，孩子在这种照顾下，很可能因为精神困顿或心灵匮乏而死去。

这种骇人听闻的事情在荷兰的某个城市就曾经发生：

有一个机构希望教导低收入的母亲学会实施卫生保健。同时，他们把一些失去父母的孩子安置在十分完善而且科学管理的环境中，那里有营养丰富的食物，而且由受过最新观念训练的护士来照顾孩子，可是不久还是引发了疾病，造成许多孩子的死亡。而由低收入父母照顾的孩子却没有患相同的病，他们看起来比享受到妥善照顾的孩子更健康。

值得庆幸的是，这个机构的医生发现了他们缺乏的某种重要条件，而且立即进行了补救。护士们开始学着用母亲的方式去对待孩子——抱抱他们，跟他们玩耍。在发自内心的爱的引导之下，这些孩子与社会进行了适当接触，逐渐恢复了笑容和健康。

## 不要将孩子交给别人照顾

几乎在所有的国家，孩子都是被母亲寸步不离地带在身边，他们是不会与母亲分开的；他们总是与母亲一起出门；母亲说话，孩子就在旁边听着，甚至可以将母亲与小贩讨价还价的过程听得一清二楚。在整个儿童时期，孩子与母亲总是在一起的。由于母亲担负着养育孩子的责任，她们不可能在出门的时候把孩子独自留在家里。这使母子之间的联系更加紧密。对孩子的抚养和关爱把母亲和孩子连到了一起。而且，这种养育方式还增强了儿童适应社会的能力。这些都是以一种非常自然的方式进行的。母亲与孩子仍像是一体的一样。

如果没有现代文明破坏这一习惯，母亲是不会把孩子交给其他人照顾的。孩子仍然可以分享母亲的生活，并且成为母亲的听众。虽然母亲看起来有些过于健谈了，但这对孩子的发展和适应社会来说都是十分必要的。我们都知道，语言是行为的思想载体。如果孩子能听到的仅有母亲对他们说的话，那他们听到的内容就太少了。他们听到的应该是成人的全部对话内容，看到的应该是成人所有与谈话相关的行为。儿童在这一过程中对这些对话和行为逐渐进行理解。这些语言和行为对儿童发展的作用，比母亲对他们所说的只言片语更为重要。

所有的社会群体、民族和种族在这方面都有所不同。例如，他们在如何放置儿童方面就有很大的差异。这是现代人类学研究中最有意思的一个研究角度。大多数地区的母亲都会将孩子放到一张小床上或一个大袋子中，而不是用胳膊抱着孩子。在一些国家，母亲出去工作时会用绳子和木板将孩子绑在肩上，有的母亲还将孩子绑在脖子上、背上或装在篮子里。但是，几乎在所有国家，母亲都会把孩子带在自己身边。为了保证孩子能够正常呼吸，防止发生窒息，孩子的脸通常是朝着母亲的背的。

在日本，母亲就经常把孩子绑得高过肩膀。这就是我们将日本称为“双头民族”的原因。在印度，母亲通常把孩子绑在臀部之上。在北美，印第安母亲会将孩子放在一个摇篮式的容器里，背朝着自己系在后背上，母亲可以看到后面的孩子。在非洲某部落的皇后加冕典礼上，传教士们惊奇地发现，皇后居然是抱着孩子出席典礼的。对于这些母亲来说，把孩子丢到一边不管的想法是不能理解的。

## 不要试图摆脱孩子的“纠缠”

一个缺乏教养的母亲，为了不让孩子来打扰她，可能会对孩子又打又骂，甚至会把他赶到街上。而过后，母亲又会亲昵地爱抚、亲吻他，以表明她确实深爱着自己的孩子。

较高阶层的母亲似乎做得好一些，比如，她们会表现出对孩子的爱、奉献精神、责任感和在表面上进行自我控制。但是这些较高阶层的母亲却可能比那些缺乏教养的母亲更想摆脱子女的纠缠，因为她们会把自己的孩子交给保姆，让保姆带孩子去散步、哄孩子睡觉。而且她们对保姆会非常耐心、仁慈甚至谦逊，聪明的保姆马上就捕捉到了女主人不言而明的暗示，那就是只要能带令人心烦的孩子离开，主人就能忍耐其他的一切。

刚学习走路的儿童，正在因为可以自由行动而欢喜雀跃的时候，就遇到了一群“巨人”，这些“巨人”阻止他的每一个活动。

人类会保护自己的财产使其免受侵犯，这几乎成为一条自然生存法则。在某些民族中，这种倾向还会表现得非常强烈。这种本能的自我保护，隐藏在人类潜意识中。这种为人们所认识到的现象，还表现在成人有意识地保护自己的生存环境和财产免受后代的侵犯上。可是尽管成人做出了各种努力，后代的侵犯却并没有被制止。孩子们拼命地斗争着，因为他们是在为自己的生存而奋斗。

爱孩子的父母与无知的儿童之间的战斗是在无意识的状态中进行的。

母乳也是因为婴儿的出生才产生的，是随他们一起来到这个世上的，是他们的全部财富：他们的生活、成长与生命的希望都蕴含在母乳之中。

·2·

## 哺乳是母亲的责任

现在，我们的问题是：这个社会还没有意识到儿童也是实实在在的人。某些母亲的职责成为一种社会习俗和一种奢侈表现。在一段时期里，一个出身于中产家庭的将要出嫁的女孩，会以未婚夫承诺的未来家庭的舒适条件为荣——“我的家庭将拥有一个厨娘、一个用人和一个奶妈”。由于存在这样的需求，在农村一个刚生下孩子、身体强健的母亲会为自己拥有一对沉甸甸的乳房而得意非常：“我可以谋到一个好的工作，我可以当奶妈。”直到最近，卫生学家与营养学家才开始责备那些因懒惰而拒绝给孩子哺乳的母亲。为了提倡给孩子哺乳，他们甚至将那些亲自为孩子哺乳的女王和皇后奉为榜样，让其他母亲学习。

## 母乳最能满足婴儿的营养需求

卫生学家与营养学家之所以建议将哺乳孩子作为母亲的一项责任，是基于以下这条生理原则：母乳喂养比其他任何方式都更能满足婴儿的营养需求。尽管专家的建议很明确，但母亲对这项职责的履行还远未普及。我们经常可以看到一位身体十分强健的母亲任由身旁的奶妈抱着孩子。

这种由奶妈哺乳孩子的方式还会导致另一个后果。如果一个婴儿享有两位母亲的乳汁，那么必将有另一个婴儿连一位母亲的乳汁也得不到。因为母乳不是一种工业品，它源于大自然的精心调配，大自然配给每个新生命的母乳都是定量的。母乳是随着生命的孕育过程而产生的，除此之外没有其他方法可以产生母乳。

养奶牛的人对此十分清楚，他们一般会精心地喂养产奶的奶牛，而将小牛送给屠户。他们知道，每当小牛被迫与母亲分离时，它们是多么痛苦！小狗崽与小猫崽也是如此，当一只充满爱心的母狗产下许多小狗崽，而又因为无法喂养全部的小狗崽时，这位狗妈妈是多么伤心！与这些动物相比，奶妈的表现则截然不同，她们是在自愿地出售自己的母乳，由此导致另一个婴儿——她们自己的孩子喝不到母乳。

对于这种情况，我们认为，只有通过法律的形式，明确地规定一个人应享有的权利，才能保护这些婴儿。社会是建立在权利的基础之上的，一个人即使是因为饥饿而偷了一块面包，他也是一个贼，也无法逃脱法律的制裁，他的行为也会被视为非法行为。如果有人确实犯下了某种罪行，那他就应该获罪。成人每天都在对幼小的婴儿犯罪，但是在社会上，竟然没有人把他们的行为当作一种犯罪，而只是将其视为一种奢侈的表现。对一个孩子而言，有什么比能拥有母乳更为神圣呢？如果婴儿能够表达，他们完全可以用拿破仑的这句话来抗议："这是上帝赐予我的。"他们的要求毫无疑问是合法的。这是他们降生到世上后所拥有的唯一资本。母乳也是因为婴儿的出生才产生的，是随他们一起来到这个世上的，是他们的全部财富：他们的生活、成长与生命的希望都蕴含在母乳之中。

出生后即被剥夺吸吮乳汁的权利，对一个婴儿的影响是终生的。一旦他长大成人后因生活所迫而不得不去从事某种艰苦的工作，他一定会觉得身体虚弱，甚至还易患佝偻病。一定有那么一天，这些婴儿一旦成年，就站在社会道德的法庭上对自己的母亲提起控诉！

## 延长哺乳期可以帮助孩子适应社会

另一个需要说明的问题是延长哺乳期。有些家庭将哺乳期延长到一年半，有些甚至延长到两年甚至三年。延长哺乳期与儿童的营养需求没有关系，因为这个年龄段的儿童已经完全能够吸收其他食物了。但是，延长哺乳期能够使母亲与孩子有更多的相处时间，这就在无形中为儿童适应社会、完善自己提供了帮助。这时，即使母亲不和孩子说话，孩子也能够与周围的世界进行接触。他们可以听到人们在街头的谈话，观看车辆、动物等。虽然儿童不知道这些东西的名称，但是这些都在他们的大脑中留下了印象。看一看，当母亲同卖水果的小贩讨价还价时，孩子们听得是多么兴趣盎然呀！这些人的语言和动作能引起孩子极大的兴趣。

我们发现，与母亲一起出门的孩子如果不是病了或受伤了就不会哭。有时候他们会睡觉，但从来不哭闹。如果观察那些记录了各国社会生活的照片，我们就会发现，孩子在妈妈身边通常都是不哭的。

西方国家的儿童通常都有爱哭的问题。我们经常能听到父母们抱怨孩子爱哭。他们也经常会讨论：怎样才能让孩子安静下来，怎样才能让孩子感到高兴，等等。关于这些问题，现代心理学已经给出了答案：

> 如果把婴儿限制在一个很小的范围里，这种像监狱似的生活会限制他们发挥自己的潜能。“儿童爱哭、脾气暴躁、易怒，是由于他们正处于精神饥饿状态。”

许多国家已经在无意识中开始采用有关应对方法了。我们必须要理解这一点，并有意识地调整这种状况。

我们做的每件事、说的每一句话，都会印刻在孩子的脑海中，所以大人必须注意自己的言行举止。

·3·

# 爱孩子的原则

要记住，孩子随时都会对我们付出爱，并且听我们的话。

## 孩子的天性是服从大人

对于大人的一举一动，孩子都会非常注意和敏感，他们也很想遵从大人的指示。大人绝对想象不到，孩子已经做好永远服从我们的准备，而且他们的这种意志特别坚定，这正是孩子的特点之一。举个例子：

有一个小孩把拖鞋放在床上，他的妈妈生气地对他说："不可以这样做，拖鞋非常脏！"然后一边生气，一边用手把床单上的灰尘拍掉。从那以后，不管什么时候看到拖鞋，这个孩子都会对着拖鞋说："好脏！"然后还要跑到床上去拍灰尘。

我们应该怎样做呢？孩子是那么敏感，又那么容易受到我们的影响，甚至可以说，我们做的每件事、说的每一句话，都会印刻在孩子的脑海中，所以大人必须注意自己的言行举止。对于这一阶段的孩子来说，服从就是他的生活，所以孩子是完全服从的。孩子会觉得大人对他们说的话能够引导他们去生活，他们既爱成人，又崇拜成人。我们要意识到，孩子行为上的每一个小小的偏差，都极有可能是他们情绪的反应，都值得我们给予重视。

## 孩子对我们的爱

孩子爱大人，我们应该了解他们。可是，我们往往只会强调爸爸妈妈和老师有多么爱孩子，还有人主张应该教导孩子怎样去爱他们的爸爸、妈妈和老师，甚至去爱每一件事、每一个人。那么，谁能担当教孩子"爱"的重任呢？是那些总把孩子的活泼好动当作不乖行为的人吗？还是那些只知道惩罚孩子的人？以井底之蛙的眼界去看待外面广阔的世界，不经过自己的不懈努力，这样是不可能成为孩子爱的导师的。

的确，孩子深深地爱着自己身边的大人。你有没有注意到，当孩子睡觉时，他一定要自己喜欢的人陪在身边。而孩子所爱的那个人却会认为："我们应当制止这种无理取闹的行为。如果孩子睡觉的时候，我们还陪伴在他的左右，那一定会宠坏孩子的。"在吃饭的时候，也有类似的情况。有些大人觉得，如果孩子想跟我们一同坐在餐桌前吃饭，我们不允许，他就开始哭闹的话，我们最好假装自己还没到吃饭的时间。其实，虽然太小的孩子还不能吃大人吃的食物，可是孩子却希望大人吃饭的时候自己也能在场。只要孩子被带到餐桌前，他就不会再哭了。当然，如果坐在餐桌前他还在哭的话，那就可能是因为没有人理他。要知道，孩子会非常想成为团体中的一分子。

还有谁会像孩子一样，在我们吃饭的时候还那么想跟我们在一起呢？直到将来有一天，我们或许要叹息："现在可没有孩子哭着要大人陪伴自己睡觉了，每个人在睡觉前都只是想着自己，只记得这一天发生了什么事情，可就是没有人想到我。"那将是多么悲哀的事情啊！只有孩子才会在每天晚上都记得说：

“不要走，陪着我吧！”我们千万不要失去人生中这个稍纵即逝的机会。

有时候，孩子睡醒了，就会把仍然很想睡觉的爸爸妈妈叫醒，这让家长满是抱怨。其实，每个人都应该像这些纯真孩子一样做做这样的事情。当太阳升起，我们就应该起床了，可爸爸妈妈却还在睡觉。孩子早上叫爸爸妈妈，就像是在说：“爸爸妈妈，该起床了，我们一定要过健康的生活！看，早晨正在向我们招手呢！”孩子并不是要当爸爸妈妈的老师，而是他们爱着自己的爸爸妈妈。早上一睡醒，孩子就忍不住要跑到他爱的人身旁。或许，孩子还走得跌跌撞撞，或许他要经过光线还很昏暗的房间，可孩子却一点儿也不害怕黑黑的影子。他会打开半关的房门，来到爸爸妈妈的身边，轻轻地抚摸他们的脸颊。爸爸妈妈常常会说：“不要一大早就把我吵醒。”而孩子却会这样回答：“我没有吵你呀，我就是要亲你一下！”而爸爸妈妈还是会用别的说法来教训孩子。让我们想一想，在我们的生命之中，还有谁一睁开双眼就想跟我们在一起？有谁会那么不怕麻烦，而小心翼翼地不吵醒我们，只是想看看我们、亲亲我们？这样的事情在我们的生命中又能够发生多少次呢？

而我们大人，竟然会觉得一旦孩子有这样的“坏”习惯，就必须想办法使他改正。孩子对我们的爱的表现，在我们这里居然得不到一丝认同。

清早醒来的孩子，爱的不只是美丽的晨光，还有总是睡过头或者还是迷迷糊糊的爸爸妈妈。正是孩子的到来，给了我们这一天一个全新的开始。他们唤醒我们的感觉，以我们可能还不理解的方法让我们清醒过来。每天早上，孩子用这种跟我们非常不一样的方式出现在我们面前，仿佛在说："看，你可以过另外一种很健康的生活，可以过得比现在还要好！"

本来，我们可以过得更好，只是人很容易产生惰性，而孩子能够帮助大人上进。如果大人不去努力尝试，那么，他就会遭受失败，甚至慢慢变得顽固起来，最后陷入麻木不仁的状态。

孩子在很小的时候就能展现出自己的发展趋向和一定的心智天赋，总有一天他可以展现出自己的这种能力。而如果大人受到自我膨胀的影响，进行不适当的干预，就可能会消解掉孩子的努力，阻碍他们的自我实现。

·4·

## 呵护婴儿的心灵胚胎

哲学曾将孩子出生时的无助现象作为主要课题进行探讨，令人遗憾的是，医学专家、心理学家或教育学家却从没有将这个问题作为兴趣点。在他们眼中，婴儿出生时的无助是一种理所当然的事实。大多数孩子都能够顺利地度过无助的婴儿时期，但在这个过程中所受到的影响会深深埋在他们的无意识底层，对其今后的日常生活产生重要的心理影响。那些认为婴儿在行动上被动、在心智上空洞的假设，是非常错误的。

还有人认为，孩子在婴儿期之后会产生神奇的发展，这完全是因为有成人的用心照顾和养育。这种假设也是不正确的，只会让父母产生一种错误的责任感，认为自己就是启发孩子内在生活的力量，所以他们会把教育孩子看作在完成一件物品。为了促进孩子的智力、感觉和意志力的发展，他们不停地提出各种建议，发出各种指令。于是，大人赋予了自己一种近乎神圣的力量，而且对自己在孩子生命中的地位深信不疑，如同《圣经》里所说的上帝一样："上帝依照他的形象创造了人类。"

## 不要轻视孩子的天赋

骄傲是人类最蔑视的行为，但成人将自身神化之后出现的自我膨胀，使孩子承受了更多的苦难。真正掌握着通往孩子内心世界钥匙的是他们自己。

的确，孩子在很小的时候就能展现出自己的发展趋向和一定的心智天赋，总有一天他可以展现出自己的这种能力。而如果大人受到自我膨胀的影响，进行不适当的干预，就可能会消解掉孩子的努力，阻碍他们的自我实现。成人的行为很有可能给孩子本来具有的天赋带来负面影响，这或许就是致使人类在传承中失败的原因所在。问题在于，尽管孩子必须经历重重困难，同时付出持久的努力，才能充分地把握和运用自己的心智，但是孩子具有自己的精神，只是他们需要花一些时间才能表现出这种天赋。

封锁、隐藏在孩子身上的心灵，正逐渐地茁壮成长起来，它慢慢地使被动的躯体活跃起来，唤起孩子的意志力，并且开启孩子的意识。但是在现实环境中，会有另一股巨大的力量向他袭来，并最终驾驭他。在这样的环境中，没有人会感悟甚至接受人类能够发生内在转变这一事实，娇弱的新生儿得不到丝毫的保护，也没有人帮助他顺利度过艰难的发育期。对于新生儿来说，这种环境中发生的每件事都将成为阻碍。

于是，作为心灵胚胎的孩子，只能依靠自己的力量，在他所处的环境中求生存。其实，就像生理胚胎一样，心灵胚胎也需要外部环境的保护，需要得到爱的温暖和人们的尊重，需要被它所处的环境完全接受，而不应受到阻碍。

我们了解这些以后，就必须改变对待孩子的态度。孩子以心灵胚胎的形象在我们眼前呈现，赋予了我们一种新的责任。那个娇柔、美好的小生命，那个令我们喜爱、被我们用过多物质包围、如同我们的玩具的婴儿，一定会唤起我们内心对他的崇拜。

在一个人转化的过程中，他必将面对许多内在的挑战。要想理解还不存在的意志，这几乎是不可能的，但是意志要最终激励和锻炼被动的身躯，就必然会对躯体加以控制。从这一时刻开始，娇弱的生命一下子绽放开来，开始有了意识，开始对周围的环境产生兴趣，肌肉也在自我实现的努力下活跃起来。这段时间是孩子人格发展和定型的关键时期，我们必须理解和支持他们对此所做的努力。这是一种极其重大的责任，我们要试着依靠科学的方法去了解孩子的心理需求，并为他准备好符合其成长需要的环境。

长久以来，这一直是这门正在发展的科学的首要原则，也是需要同成人的智慧相结合的科学。在得出人类发展史的最终结论之前，还有很多实际工作等待着我们去做。

## 学会运动是一个逐渐协调的过程

婴儿出生的时候，他们的器官发育还远远没有完成，他们的骨骼没有完全钙化，运动神经也没有完全被髓鞘质所覆盖，无法准确接收大脑发出的指令。因此，婴儿的身体还处于反应迟钝的阶段，他们仅仅是人的“雏形”而已。

儿童的成长包括很多方面，每一方面的成长都要遵循一定的规律。经过对婴儿身体发展过程的细心研究，我们发现当婴儿的头骨愈合之后，当他们的囟门、骨缝逐渐闭合之后，他们的整个身体结构就开始发生变化了，骨骼的钙化也逐渐完成。我们知道，这时脊椎神经已经被髓鞘质完全覆盖，机体调节平衡的中枢——小脑在刚出生时是非常小的，这时也正在进行着高速的发展，达到了一个与大脑半球相协调的比例。最后，内分泌腺以及消化系统逐渐形成。

以上过程已经为大家所熟知，这说明身体发育是一个持续的过程，是一个与神经系统同步发展变化的协调过程。比如，当小脑没有发展到足够的成熟程度，儿童就无法保持平衡，也就无法完成坐、站立等活动。即使这时对婴儿进行有意识的教育和训练，也无法改变这种状况。

发展的本能使婴儿的运动器官逐渐开始接收大脑的指令，并以一种混沌的方式进行运动，以帮助婴儿在周围环境中汲取经验。依靠这些经验和练习，婴儿的运动变得更加协调，直到可以完全正确地完成大脑的指令。

TIPS：

人类与其他动物不同，不能在一出生时就进行协调的运动。人类学会运动是一个逐渐协调的过程。婴儿在刚出生时大脑就像一张白纸，他们必须自己摸索获得经验。这与其他幼小的哺乳动物完全不同，那些小动物在出生之后就可以马上进行走、跑、跳等活动，能够很快学会一些高难度的动作。比如，如果遗传了跳跃能力的动物，在出生后不久就具有跃过障碍快速逃跑的能力。

刚刚降生的婴儿并不具有这些天赋本能，但人类具有学习的天赋。我们可以通过学习掌握各种各样高难度的动作技巧，正如体操运动员、飞行员、舞蹈演员、音乐家、钢琴家等一样。但这些却不是在运动器官成熟过程中自然形成的，而是从运动经验和实践中获得的。换句话说，这一切都是教育的结果。出生那一刻，每个人都是站在同一起跑线上的，是人们自己将各种技巧发挥到极致的。

在阐明这个观点之前，我们需要接受这样一个事实：

虽然身体是运动的物质基础，身体必须达到一定的成熟程度才能进行运动，但是心理发展却不依赖于此。

我们已经知道，人类最先发展的是心理，器官的发展是在心理发展之后开始的，并由心理所控制。但在器官能够进行运动之后，心理还会进一步发展。这时，心理的发展是通过运动的过程，从周围的环境中获得经验而实现的。因此，如果一个孩子的运动器官在发育成熟之后被限制运动，他的心理发展也会受到阻碍。虽然心理的发展没有界限，却在很大程度上取决于运动器官的使用，而运动器官却一直是自主发展的。

## 帮助生命适应环境，促进发展

心理的发展只与一种神秘的力量有关，就是要适应以后的生活。每一个个体都有圆满完成这一过程的能力，但我们对处于心灵胚胎阶段的婴儿，还无法进行观察。

在这一期间，我们只能观察到所有婴儿都是非常相似的，就像我们所说的："所有婴儿刚刚出生时都是站在同一条起跑线上的，他们都遵循同样的规律成长。"

由于细胞的分裂通常都要经历相同的阶段，因此我们很难找出一个胚胎与另一个胚胎之间的差别，但这些胚胎却有的长成了蜥蜴，有的长成了鸟，有的长成了兔子。所有这些动物的胚胎开始时都是一样的，最后却产生了巨大的差别。

因此，我们可以说，无论是天才的艺术家，还是受人拥戴的领袖；无论是道德高尚的圣人，还是普普通通的平凡人，他们都是由心灵胚胎发展而来的。即使是一些再平凡不过的普通人，也拥有不同于他人的个性，他们在整个社会中也会占据不同的位置。很显然，他们不会像低等动物那样完全依赖遗传的影响，以同样的方式做同样的事情。

但是，我们无法预测心灵胚胎的后期发展过程和他们的不同结局，我们也不能在人类形成的生理性胚胎阶段对其进行规划。

对于处于心灵胚胎阶段的婴儿，我们能做的只有帮助这些生命适应环境，进而促进其发展。这是人类发展的第一阶段，是人类心理发展历程的开始。如果在这一阶段，我们能够根据婴儿的需要对其进行某种程度的帮助，这对他们以后个人能力的发展将会有很大的帮助。

但是，我们对幼小的婴儿进行帮助时，必须遵循一条原则，那就是如果成人的教育从婴儿出生之后就开始，那么这种教育就必须适应这一时期婴儿自身的发展规律和需求，要保证婴儿在接受教育的过程中，仍然以宁静、愉快和不懈努力的状态发展。这条教育原则适用于印度婴儿、中国婴儿、欧洲婴儿等，也适用于不同社会阶层的婴儿。归根结底，我们的任务就是对儿童进行研究，并且为他们的发展提供更好的服务。

我们必须要了解儿童是通过适应周围环境来建立自身性格的，因此他们必须要充分和完全地接触周围环境。

·5·

# 帮助婴儿适应周围的环境

婴儿是怎样从周围的环境中进行学习和吸收的？我们所做的比较对了解这一问题很有帮助。有些昆虫长得很像它们赖以生存的树叶或植物的茎。它们在这些树叶或植物的茎上生活，模样也逐渐与它们趋同。这种情况也同样适用于儿童。

## 发展与环境趋同

儿童从周围环境中进行学习和吸收，并且融入环境，就像昆虫与环境融为一体一样。周围环境给儿童留下了非常深刻的印象，使他们在生理和心理上都产生了变化，并最终使他们的大脑与周围环境产生趋同。儿童能够越来越适应他们所生存的环境。其实，各种生物都具有这种能力，都能够吸收和适应环境，并与环境趋同。

儿童看待世界的方式与成人不同。当成人看到什么东西时，他们可能会说声“太棒了”，然后一走了之，去做其他的事情，仅仅将模糊的印象留在记忆里。而儿童则会凭借从周围环境中获得的深刻印象来构建心灵深处的自我。尤其在刚刚出生的那段时间里，他们更是如此。在婴儿期，人类凭借自身特有的内在力量形成伴随终生的人格特征。这些特征涵盖语言、宗教、种族等方面。这就是儿童适应生活环境的方式。做这些事情能给他们带来快乐，使他们的大脑日臻成熟。

不但如此，儿童还能够适应未来出现的各种类型的环境。也就是说，他们能够调整自我，逐渐适应周围的环境，并融入环境中。所以，如果我们想要帮助儿童，就应该问一问自己：“我们应该怎么做？我们应该为儿童创造一个什么样的环境？”

## 婴儿在环境中成长

如果我们所面对的是一个3岁的孩子，他也许能够自己告诉我们他想要的是什么。我们要知道儿童缺少的不是鲜花和玩具。我们要预见到不同发展阶段的儿童需要什么东西，并将其提供给他们。我们要知道儿童在发挥自我潜能时需要的条件。但是，如果我们面对的是刚刚开始适应新环境的婴儿，我们要为他们创造什么样的环境呢?

我们现在还无法回答这个问题。但事实上，婴儿是在环境中成长的。儿童要想学会一种语言，就必须与说这种语言的人生活在一起，否则就无法学会。同样，儿童要想获得某种精神力量，就必须与经常使用这种力量的人在一起。我们想获得某种方法、习惯和传统，只能从具有这种方法、习惯和传统的人那里得来。

这是一个革命性的观点。因为这种观点与我们过去的想法和做法是完全不同的。以前，人们只从身体和卫生方面考虑，把婴儿隔离起来，单放到一个特殊的房间里，让他们尽量多睡觉。婴儿孤单地睡在那个房间里，就像生病了一样。

但是，我们必须要认识到这种所谓的身体健康对儿童的心理是有害的。如果婴儿被放在育婴房里，除了保育员之外没有其他人陪伴，他们感受不到母爱，其正常成长就会受到阻碍。一种心灵上的不满和渴望会严重影响他们的发展。婴儿与母亲拥有特殊的联系，但他们却没有和母亲生活在一起，每天面对的只有很少与自己说话的保育员。他们还经常被放在儿童车里，无法看到周围发生的事情。

## 让婴儿接触多元的事物

对待儿童的方式应该被当作一个社会问题。现在，我们通过观察和研究发现，当儿童能够走出大门的时候，我们出门时就应该带上他们，让他们尽可能多地观察周围的环境。现在的儿童车和育婴房的设计已经进行了调整。育婴房不仅要严格符合卫生标准，还应该贴上许多图片。当婴儿稍微倾斜地躺着时，可以将周围的情况尽收眼底，而不必再死死地盯着天花板看了。

语言学习也是一个具有难度的问题。尤其是在雇用了保姆的家庭中，这个问题更为严重。这些保姆与儿童常常属于不同的社会阶层。另一个问题是，父母在与朋友进行谈话时，是否应该让孩子待在旁边。虽然我们会遇到许多困难的情况，但是如果我们想要帮助儿童，就应该常常把他们带在身边，以便他们能够观察我们在说什么、做什么。尽管婴儿对正在发生的事情可能还没有意识，也无法了解，但他们在潜意识中已经记住了这些东西，而且这些东西对他们的成长很有帮助。

当婴儿被带到户外时，他们关心的是什么呢？没有人能够说清楚。但是，我们一定要对婴儿进行观察。一个合格的母亲或保姆应该能够发现婴儿对什么事物特别关注，并且应该尽可能将他们抱到那些物体的附近，让他们能够认真观察。这时，他们的脸上会流露出好奇、高兴的表情。要想知道婴儿对什么感兴趣，我们就要时刻观察他们。在这一问题上，成人应该抛弃所有的陈旧观念，进行一次革命。我们必须要了解儿童是通过适应周围环境来建立自身性格的，因此他们必须要充分和完全地接触周围环境。如果不能做到这点，这个孩子将来肯定会在社会化中出现问题。

由于个体无法在道德等方面适应社会，引发了多少社会问题？这是一个基本问题。它使我们认识到文明社会应该非常重视和关心如何照顾儿童这个事。

我们应该遵循一条原则：尽量把所有的事情留给自然。婴儿越是得到自由的发展，他们的身体比例就会形成得越协调，身体机能也会发展得越健全。

# ·6·

# 给孩子成长的自由

## 影响孩子自由发展的强制手段

自由在我所提倡的整个教育体系和教育理念中，处于至关重要的基础地位，我们必须要严肃地对待。当然，我知道，要给大家一个简洁、直截了当、确定无疑的回答是很有难度的。

下面有一些相关的例子，它们也许能更清楚地体现我要表达的意思。在对待婴儿的问题上，我们过去采用的是什么样的方法呢？一定有很多人对那些传统和惯例印象深刻。比如，把婴儿捆束起来，以避免他们的腿长成罗圈腿；把婴儿舌下的韧带割断，这样他们到了一定的年龄后才能自然地说话；要一直给婴儿戴着帽子，不然他们的耳朵就会凸出来；一定要注意婴儿躺着的姿势，不能让他们柔软的颅骨发生变形；有的妈妈还经常会一个劲儿地去捋或捏宝宝的小鼻子，希望通过这样的方法让宝宝的鼻子变得长一些或更加高挺；有的妈妈在婴儿出生后不久，就在孩子的耳垂穿上一种小金耳环，因为据说这样能够“改善孩子的视力”……现在，有些国家已经摒弃了这类习俗，但仍有一些国家还在延续这样的传统。

再以成人帮助幼儿走路为例：

一些教子心切的妈妈，在宝宝出生后的头几个月里就开始教婴儿走路，甚至每天都要不厌其烦地教上好几个小时。她们扭动着婴儿弱小娇柔的身体，好奇地盯着他们的小脚没有目的地移动。令人觉得好笑的是，她们真的会由此认定宝宝已经开始学走路了。

其实，在这一时期，婴儿的神经系统还没有完全发育，不可能进行协调的运动。不过，婴儿的足弓确实在这时渐渐成形，所以他们才会开始试着去移动小腿。而妈妈们不知道真实的情况，还以为孩子在走路方面的进步是自己教导的结果。这时候，婴儿刚刚具有运动能力，还没有建立起身体的平衡感，所以不能站立。有些妈妈就用带子提起孩子的身体，牵引着他们在地上行走。她们有时还会把孩子放进一种特别的竹篮里。这种篮子底部比较宽大，孩子在里面不会翻倒。妈妈就把婴儿的身体捆在里面，让他们的手臂放在外面，他们的整个身体靠竹篮的上部支撑着。在这种装置中，虽然婴儿不能用自己的脚站起来，但他们可以向前移动双腿了。而在妈妈的眼里，婴儿的这种表现就是在走路。

然而，成人强加给孩子一种具有辅助作用的支撑物，就像我们为残疾人提供具有支撑作用的拐杖一样。如果孩子习惯了依靠篮子，一旦有一天篮子突然被拿走，他们就一定会摔倒。当我们把科学引入儿童教育领域的时候，它给整个社会带来的是什么呢？我要郑重说明的是，它不可能教你怎样让孩子的鼻子变得高挺，也不会教你怎样使孩子的耳朵保持完美，更不会教你怎样让婴儿出生后马上学会走路。我只是向你证明：

> 自然本身决定着头、耳、鼻的形状；不割断舌头下面的韧带，孩子也能学会说话；腿会自然地长直，行走的能力将自然地产生。我们最好不要对这些进行人为的干预。

## 尽量把所有的事情留给自然

我们应该遵循一条原则：尽量把所有的事情留给自然。婴儿越是得到自由的发展，他们的身体比例就会形成得越协调，身体机能也会发展得越健全。

我提倡去除各种束缚，让婴儿在恬静的状态下生活，让他们始终处于最大限度的安宁之中。我们要让婴儿的双腿完全放松，让他们在躺着的时候能够得到充分的舒展，不要刻意逗弄得婴儿手脚乱动。一定不要在时机还不成熟的时候强迫孩子走路，要相信一旦时机到来，孩子就会自己站立起来，自然地开始行走。

令人欣慰的是，现在很多母亲已接受了这种观点，而那些卖绑带、布袋和篮子的商人也只好另谋生路了。

这带来了什么样的结果呢？一个事实是有目共睹的：孩子们的腿比以前长得更直了，他们走得也比以前更灵活了。这已成为一个客观存在的事实，当然也是一个最让人高兴的事实。回想一下，因为一直认为成人的呵护直接决定着儿童的双腿、鼻子、耳朵甚至头部的形态，所以我们为此度过了多少担心忧虑的日子呀！我们觉得自己责任十分重大，甚至大家都感到自己担当不起！而有了客观的认识之后，我们现在就明白一个道理——大自然会考虑这些问题的。我们需要做的只是给孩子自由，看着他们健康地成长。就让我们来做这个奇迹的旁观者吧！

对于儿童的内心生活，我们也经历过类似的情况。我们曾经认为，孩子在塑造性格、发展智力、学会表达情感等方面，都非常需要我们的帮助。为此，我们也曾同样深感担忧。我们经常问自己："我们应该怎样帮助孩子呢？正如那些常常捏孩子的鼻子或者用帽子限制孩子耳朵的妈妈一样，我们能用某种特殊的方法去约束他们吗？"实际上，人的性格、智力、情感等心理素质的发展跟身体的成长同步进行。

需要明确的是，我们既不能创造物质，也不能缔造精神，一切都由自然掌控着。如果我们对这一点确信无疑，那么就必须遵循"不干预儿童的自然发展"这条基本原则。而且，我们也不能孤立地对待问题。换句话说，我们不要去片面追究什么是对个性、智力和情感的发展最有帮助的因素。其实，要想揭示出教育的本质，就要搞清楚一个问题，那就是：我们应该怎样做到给孩子自由？

只有以自由为发展原则，才能真正为孩子设计出一套科学地促进他们身体成长的方案。也只有在自由的氛围中，人的头、耳、鼻才能进入最完美的发育状态，他们走路的姿态也会在其先天能力的基础上日渐完美。同样，只有自由，才能让孩子的性格、智力与情感在最大程度上得以发展。这种自由原则还要求教育者带着一种平和的心态去关注孩子在成长过程中发生的每一个奇迹。这种自由能让我们在虚构的责任和忧虑所带来的痛苦重压下得以解放。

不幸的是，当有人告诉我们，那些令我们不堪重负的责任其实跟我们无关时，我们还在自欺欺人地认为我们的努力是在完善它们，而其实它们是在独立的情况下进行自我完善的！当有人向我们指出这个道理以后，我们才为此感到忧虑，并抱怨自己为什么这么愚蠢。可是我们也不愿意就此罢休，还要思考更加深奥的问题：我们的真正使命和责任是什么呢？如果我们过去做的所有事情都是在欺骗自己，那什么才是我们应该追求的真理？我们是否犯了渎职的罪行？我们要承担什么罪行？

# 本章小结

## 蒙氏养育观点

大自然显然非常关注动物的成长历程。当母亲努力唤醒孩子潜在的本能时，她们不仅要关心孩子的身体需要，对新生儿的身体给予悉心照料，还要关注他们的心理需求。

母爱是一种大自然的力量，能够从孩子一出生就给予他们心灵的保护。对孩子的抚养和关爱把母亲和孩子连到了一起。如果孩子感受不到母爱，他的正常成长会受到阻碍。一种心灵上的不满和渴望会严重影响他们的发展。

孩子爱大人，孩子随时都会对我们付出爱，并且听我们的话，所以我们应该了解他们。孩子在很小的时候就能展现出自己的发展趋向和一定的心智天赋，总有一天他可以展现出自己的这种能力。而如果大人受到自我膨胀的影响，进行不适当的干预，就可能会消解掉孩子的努力，阻碍他们的自我实现。

周围环境给儿童留下了非常深刻的印象，使他们在生理和心理上都产生了变化，并最终使他们的大脑与周围环境产生趋同。儿童则会凭借从周围环境中获得的深刻印象来构建心灵深处的自我。尤其在刚刚出生的那段时间里，他们更是如此。当儿童能够走出大门的时候，我们出门时就应该带上他们，让他们尽可能多地观察周围的环境。

● 母乳喂养比其他任何方式都更能满足婴儿的营养需求。母乳是他们降生到世上后所拥有的唯一资本。母乳也是因为他们的出生才产生的，是随他们一起来到这个世上的，是他们的全部财富：他们的生活、成长与生命的希望都蕴含在母乳之中。

● 对于大人的一举一动，孩子都会非常注意和敏感，他们也很想遵从大人的指示。所以大人必须注意自己的言行举止。

● 我们应该遵循一条原则：尽量把所有的事情留给自然。婴儿越是得到自由的发展，他们的身体比例就会形成得越协调，身体机能也会发展得越健全。

● 当孩子睡觉时，他一定要自己喜欢的人陪在身边。只有孩子才会在每天晚上都记得说：“不要走，陪着我吧！”我们千万不要失去人生中这个稍纵即逝的机会。

● 清早醒来的孩子，爱的不只是美丽的晨光，还有总是睡过头或者还是迷迷糊糊的爸爸妈妈。正是孩子的到来，给了我们这一天一个全新的开始。他们唤醒我们的感觉，以我们可能还不理解的方法让我们清醒过来。

# 附　录

MONTESSORI BRINGING UP
YOUR 1 YEARS OLD
CHILD

# 视觉激发训练

训练目的：对比鲜明的黑白图案可给予新生儿充分的视觉刺激，强化视觉反应。

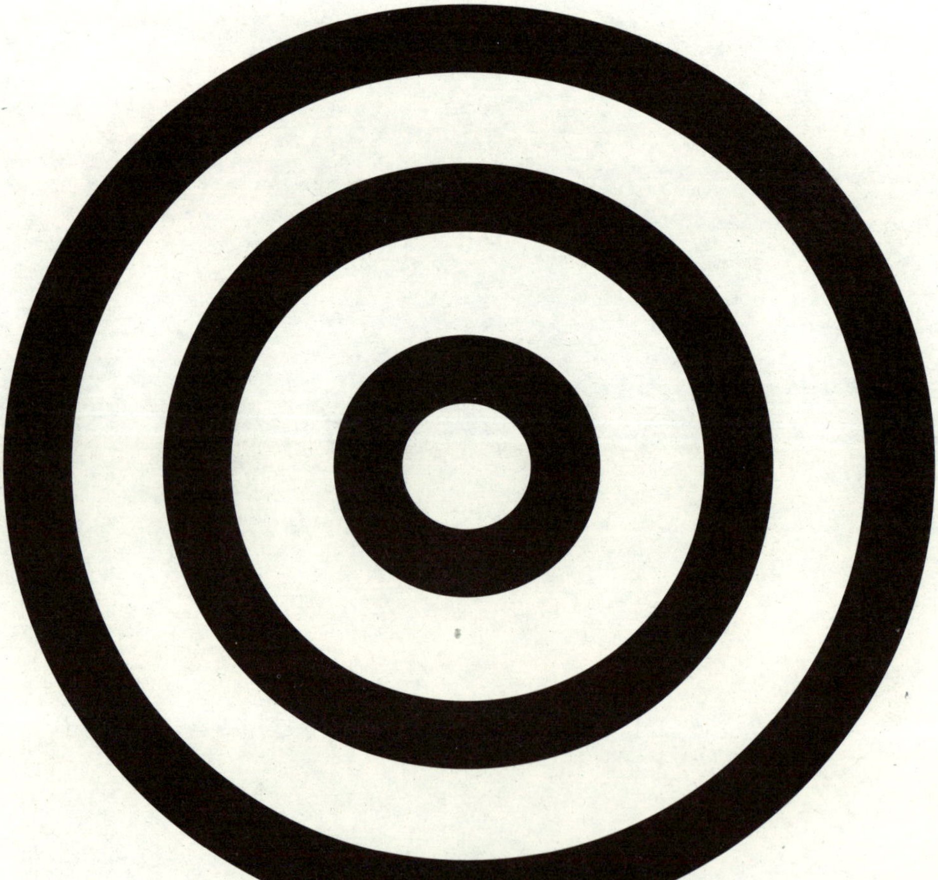

# 触觉激发训练

## 训练目的：激发孩子的触觉能力

step 1 让孩子躺在床上，用手指轻轻抚摸孩子的脸，同时轻柔地对孩子说：“这是脸。”

step 2 用同样的方法依次抚摸孩子的臂部、手部、背部、臀部、腹部、腿部、脚部，一边抚摸一边告诉孩子这是哪个部位。

step 3 和孩子互换角色，抱起孩子，让孩子用小手触摸父母的脸部、臂部、手部等。在孩子抚摸时，父母要告诉他所触部位的名称。

### 训练方略

● 轻柔的触摸有助于激发孩子的触觉发育，还能让孩子感受父母的爱。

● 做游戏时，可以让孩子躺着，也可以由父母抱着，只要孩子感觉舒适即可。

● 抚摸孩子时，动作一定要轻柔，最好不要在孩子刚吃饱或者空腹的时候进行。此外，如果孩子出现激烈的情绪反应，游戏要立刻停止。

# 腿部大肌肉训练

**训练目的：吸引孩子的注意力，训练孩子腿和脚的灵活性**

step 1 准备一只气球和一只小铃铛，在充好气的气球上系一段半米长的绳子。

step 2 让孩子躺在床上，将绳子末端轻轻绑在孩子的脚腕上，同时把铃铛也系在上面。

step 3 上下轻轻晃动孩子的腿，让气球和铃铛随着孩子腿部的动作动起来。

step 4 当孩子被气球和铃铛声吸引后，让他自己摆动腿，带动气球和铃铛运动。

## 训练方略

● 最好选择颜色鲜艳的气球来做游戏道具，这样更容易吸引孩子的注意力。

● 在做游戏的过程中，父母要注意孩子脚腕上的绳子，防止绳子缠到孩子身体的其他部位。

# 腿部控制力训练

## 训练目的：加强孩子腿部控制力

step 1 将地板清理干净，铺上一块平整的毯子。

step 2 和孩子一起并排躺在毯子上，抬起双腿，像骑车一样在半空中蹬踏。

step 3 和孩子相对而躺，与孩子脚对脚做蹬自行车的动作。

### 训练方略

● 在和父母一起做蹬车的动作时，孩子容易出现蹬错的现象，父母要保持耐心，多给孩子一些练习时间。

# 听觉辨识训练

训练目的：**提升孩子的听觉辨识力**

step 1 选一个晴天，带孩子到风景优美的户外，让他闭上眼睛倾听风声、鸟鸣等。

step 2 选一个雨天，和孩子一起坐在窗前，闭上眼聆听雨声。如果雨不大，还可以带孩子到户外，让孩子聆听雨滴敲打树叶、雨伞等的声音。

step 3 选一个夜晚，带孩子到公园，倾听昆虫和其他动物的声音。

## 训练方略

● 这个游戏主要分为晴天、雨天、夜晚三种情境，随意性较大，父母可以根据现实情况来选择。

● 大自然是最好的课堂。带孩子走出家门，对训练听觉能力具有显著的作用，还可以增加孩子的阅历。需要注意的是，尽量选择舒适的天气，并注意出行安全。

# 绘画潜能训练

**训练目的：发掘孩子的绘画潜能，激发孩子的色彩想象力**

step 1 给孩子准备一张大大的画纸和儿童手指画安全颜料。

step 2 让孩子自由地在小手上涂上颜料。

step 3 让孩子直接用自己的小手自由地在画纸上作画。

## 训练方略

- 游戏过程中，不要让孩子将涂满颜料的手放入嘴中。
- 游戏结束后，注意把孩子的手洗干净。

# 抓握能力训练

训练目的：**激发孩子的抓握能力，提高孩子的主动性，促进触觉能力的发展**

step 1 准备一条柔软、干净的小手帕，在孩子面前慢慢移动，让孩子伸手去抓。

step 2 当孩子做出抓取的动作，并将手帕抓住后，不要急于将手帕抽走，让孩子主动揉一揉、搓一搓，体会一下手帕的感觉。

step 3 当孩子能够轻松抓取手帕后，可以增加手帕的数量，将孩子的两只手调动起来。

step 4 根据孩子的表现逐步增加手帕数量，手帕的颜色也要各不相同，注意观察孩子对哪种颜色的手帕最感兴趣。

## 训练方略

● 如果孩子没有抓手帕的意识，父母可以将手帕换成孩子感兴趣的物品，以便激发孩子的主动性。

● 这个游戏除了能够培养孩子的主动性、训练孩子双手的灵巧性外，还能激发他的色彩感知能力。

# 嗅觉辨识训练

训练目的：**提升孩子的嗅觉能力**

step 1 准备3束不同种类、带香味的鲜花，让孩子闻一闻，并告诉他这些鲜花的名字。

step 2 将孩子的眼睛蒙起来，在他面前放1束鲜花，让他闻这些花。

step 3 从每束鲜花中抽出1朵花，再让孩子蒙住眼睛闻一闻，并对孩子说这些鲜花的名字。

## 训练方略

- 如果孩子对花粉或花香过敏，就不要让孩子做这个游戏了，以免影响孩子的身体健康。
- 如果没有鲜花，父母可以制作一些纸花，然后在纸花上喷上不同的气味，这样也可以玩这个游戏。